财富管理基础理论与实践

黎秋华 著

中国商业出版社

图书在版编目(CIP)数据

财富管理基础理论与实践 / 黎秋华著. -- 北京 : 中国商业出版社，2024. 10. -- ISBN 978-7-5208-3162-8

Ⅰ. F830.593

中国国家版本馆 CIP 数据核字第 2024EP3729 号

责任编辑:管明林

中国商业出版社出版发行

(www.zgsycb.com　100053　北京广安门内报国寺 1 号)

总编室:010－63180647　编辑室:010－83114579

发行部:010－83120835/8286

新华书店经销

天津和萱印刷有限公司印刷

*

787 毫米×1092 毫米　16 开　9.25 印张　161 千字

2024 年 10 月第 1 版　2024 年 10 月第 1 次印刷

定价:45.00 元

* * * *

(如有印装质量问题可更换)

前　言

随着经济的持续发展和人们收入水平的不断提高，财富管理已成为一个日益受到关注的重要领域。无论是个人、家庭，还是企业，都面临着如何有效管理财富、实现财富保值和增值的紧迫问题。然而，财富管理并非简单的资金积累或投资行为，它涉及财务规划、风险控制、资产配置、税务筹划等多个方面的复杂知识和技能。因此，对财富管理基础理论与实践进行研究具有十分重要的现实意义。

本书从财富管理基础入手，阐述了财富规划、财富管理的投资策略，对财富管理的资产配置、风险管理与对冲策略展开了论述，并对不同类别的财富管理实践进行了深入探讨。希望通过对上述问题的研究和探讨，能够为读者提供财富管理基础理论与实践方面的帮助。

尽管本书在撰写时笔者力求完善，但出于各种原因，本书仍存在一些问题，如对某些问题的研究还缺乏深度，限于篇幅对某些问题的论述不够具体等。对此，笔者将在今后的研究中进一步完善，同时也希望各位读者提出宝贵意见。

黎秋华

2024 年 8 月

目　录

目 录

第一章　财富管理基础

第一节　财富管理概述

一、财富管理的定义与范畴

（一）财富管理的基本定义

财富管理是指通过一系列金融工具和策略，实现个人或家庭财富的保值、增值和传承的过程。其核心目标在于帮助客户实现财务自由和经济安全。通过科学、系统的财富管理，客户可以在不同的生命周期阶段，根据自身的风险承受能力、财务目标和市场环境，灵活调整资产配置，从而最大化财富的增值潜力。财富管理不仅关注短期的投资收益，更重视长期的财务安全与稳定。

财富管理不仅局限于投资管理，还涵盖了税务筹划、遗产规划、保险规划等多个方面。投资管理主要关注资产的增值，通过股票、债券、基金等多种金融工具实现财富的增长。税务筹划则是通过合法手段，合理降低税负，优化税务结构，从而提高实际收益。遗产规划涉及资产的有效传承，确保财富在代际间的平稳过渡，并避免可能的法律和税务风险。保险规划则通过合理配置保险产品，提供风险保障，避免因意外事件导致的财富损失。

（二）财富管理的主要范畴

财富管理是一个广泛且复杂的领域，涵盖了多个相互关联的范畴，包括资产配置、投资管理、税务筹划、风险管理、退休规划、遗产规划等。资产配置是财富管理的核心，通过合理配置不同类型的资产，如股票、债券、房地产和商品，来达到风险与收益的最佳平衡。投资管理则是对已配置的资产进行具体的投资操作和管理，旨在实现资产的增值。税务筹划通过合法的税务规划和安排，帮助客户最大限度地减轻税务负担，实现税后财富的最大化。风险管理关注的是识别、评估和应对各种潜在风险，包括市场风险、信用风险、流动性风险等，以保护客户的财富免受意外损失。

财富管理体系的全面性和系统性体现在其能够覆盖客户不同生命阶段的各种财务需求。无论是年轻时的资产积累、中年时的财富保值和增值，还是老年时的退休规划和遗产传承，财富管理都能提供相应的解决方案。在资产配置阶段，客户需要根据个人的风险承受能力和财务目标，选择合适的资产类别进行投资。随着时间的推移，投资管理的重点可能会从风险较高的股票转向较为保守的固定收益类资产，以确保财富的稳定增长。

税务筹划在整个财富管理过程中起着关键的作用，不同阶段的税务筹划策略可能有所不同。年轻时，主要关注如何最大化税后收入；中年时，可能需要考虑如何通过合适的税务工具实现财富传承；老年时，则需要关注税务合规和合理避税。风险管理贯穿整个财富管理过程，通过不断地识别和评估潜在风险，采取相应的措施来降低风险敞口，确保客户财务目标的实现。

二、财富管理的目标与意义

（一）财富管理的主要目标

财富管理的核心目标之一是实现客户财富的保值和增值。在当前经济环境下，通货膨胀、市场波动以及各种不确定性因素可能对客户的财富产生不利影响。通过科学的财富管理策略，可以有效对冲这些风险，确保客户的财富在长期内不会缩水，并能够实现稳健的增值。为了达成这一目标，财富管理专家通常会采用多样化投资组合、资产配置策略以及风险管理工具。这些方法不仅能够分散投资风险，还能在不同的市场条件下获取最佳收益。

资产的安全性和流动性是财富管理过程中不可忽视的关键因素。安全性指的是投资本金的保障，即在任何市场环境下都能最大限度地保护客户的投资不受损失。流动性则是指资产转化为现金的能力，这对于应对突发性财务需求至关重要。在财富管理过程中，通过选择高信用评级的金融产品、合理配置股票和债券比例，以及保持一定比例的现金或现金等价物，能够有效提高资产的安全性和流动性。只有在确保安全性和流动性的基础上，才能谈得上实现财富的保值和增值。

进行合理的财务规划是财富管理的重要环节。财务规划的核心在于根据客户的个人情况、财务状况及其短期和长期目标，量身定制一个全面的财务策略。短期财务目标可能包括购房、子女教育、旅游等，而长期财务目标则可能涵盖退休规划、财富传承等。在财务规划过程中，需要深入了解客户的收入、支出、资产负债情况及风险承受能力，然后根据这些信息制订具体的财务计划。

财务规划不是一个静态的过程，而是一个动态的、需要定期调整和优化的持续过程。市场环境的变化、客户个人情况的变化，都可能对财务规划产生影响。因此，财富管理专家需要定期与客户沟通，了解其最新的财务状况和目标变化，并据此对财务规划进行相应的调整。财务规划还包括税务规划、遗产规划等方面的内容，通过综合运用各种财务工具和策略，帮助客户最大限度地实现其财务目标。

（二）财富管理的重要意义

财富管理的核心在于帮助客户有效管理和分配其财富，从而实现财务目标和提高生活质量。通过科学的财富管理，客户可以更清晰地了解自身的财务状况，包括收入、支出、资产和负债等各个方面。在此基础上，财富管理专家能够提供个性化的建议，帮助客户制订合理的预算和储蓄计划，避免盲目消费和不必要的财务风险。通过合理的税务规划，客户可以合法避税，最大化其实际可支配收入。

优化财务决策是财富管理的重要内容之一。借助专业的财务分析工具和方法，财富管理专家能够评估各种投资和消费决策的潜在风险和收益，帮助客户作出更为明智的选择。例如，在投资决策方面，专家可以分析市场趋势和投资产品的特性，建议客户选择适合其风险承受能力和投资目标的产品组合；在消费决策方面，专家可以帮助客户衡量大额支出的必要性和可行性，避免因为冲动消费而导致的财务困境。

财富管理不仅是对财富的管理，更是对生活质量的提升。通过精心的财务规划，客户可以在保障基本生活需求的同时，实现个人或家庭的长期目标，如购房、子女教育、退休养老等。财富管理专家会根据客户的具体情况，设计个性化的财务计划，确保客户在不同的人生阶段都能享有稳定的财务保障和高品质的生活体验。

专业的财务建议是实现财富可持续增长的关键因素之一。财富管理专家具备丰富的理论知识和实战经验，能够为客户提供全面、系统的财务规划和投资建议。通过对客户财务状况的全面评估，专家可以发现潜在的问题和机会，制定具有前瞻性的财务策略，帮助客户在降低风险的同时，实现财富的稳步增长。

投资策略的制定和实施是财富管理的核心环节。财富管理专家会根据客户的风险偏好、投资目标和市场状况，设计多元化的投资组合，合理分散风险，从而提高投资收益的稳定性和持续性。具体来说，专家可能会建议客户在股票、债券、房地产、基金等不同类型的资产之间进行合理配置，既能享受高收益资产的回报，又能通过低风险资产的稳健增长来对冲市场波动的风险。

（三）财富管理对个人与家庭的影响

在现代社会中，财富管理已成为个人和家庭生活中不可或缺的一部分。通过合理的财务规划，人们可以预见并应对各种可能出现的财务风险，如失业、疾病和意外事故等，从而显著减少财务压力，提升整体生活质量。科学的财富管理不仅能够实现财务资源的优化配置，使得每一分钱都能够发挥最大的效用，还可以帮助个人和家庭建立起稳固的财务基础。面对生活中的各种挑战，良好的财富管理使人们更加从容。合理的预算管理和投资组合不仅能确保日常生活的稳定，还能为未来的各种需要提供资金保障。无论是子女教育、养老，还是购房需求，经过精心规划的财富管理都能提供相应的支持，大大减少因财务问题带来的烦恼和压力。

财富管理还能够促进生活质量的全面提升。通过科学的理财规划，个人和家庭可以合理安排消费和储蓄，既能满足当前的生活需求，又能为未来的目标积累资金。这种平衡的理财方式不仅能够提高生活的舒适度，还能增强个人和家庭的幸福感。定期的财务审查和调整确保财务规划始终与个人和家庭的生活目标保持一致，从而实现生活质量的持续提升。

财富管理不仅关乎当代人的生活质量，更关乎财富的有效传承及家庭财务的长期稳定与发展。通过系统的财富管理，家庭可以制订完善的财富传承计划，确保财富在代际之间的平稳过渡。这不仅有助于维护家庭的财务稳定，还能为后代提供坚实的经济基础，支持其实现个人和家庭的长远目标。有效的财富传承需要综合考虑税务规划、法律保护和财务安排等多方面因素。设立信托、制定遗嘱和进行合理的税务筹划等手段可以最大限度地减少财富传承过程中的税务负担和法律纠纷，确保财富的安全和稳定传递。

财富管理还可以通过教育和引导，帮助后代树立正确的财富观念和理财习惯，实现财富的长期保值和增值。确保家庭财务的长期稳定与发展需要持续的财富管理和调整。这不是一次性的规划，而是一个持续的过程。定期的财务审查和调整使家庭能够及时应对外部环境的变化和内部需求的调整，确保财务规划始终与家庭的长期目标相一致。这样，家庭不仅能够在短期内实现财务稳定，还能在长期内实现财务的可持续发展，为子孙后代的幸福生活奠定坚实的基础。

三、财富管理的核心内容与流程

（一）财富管理的核心内容

财富管理是一个涉及多个财务领域的综合性服务，旨在满足客户的多样化财务需求。其核心内容包括资产配置、投资管理、税务规划、风险管理、退休规划和遗产规划等，每一个内容都针对特定的财务需求，提供相应的解决方案。

资产配置是财富管理的基础，通过将投资分散到不同类型的资产，如股票、债券、房地产和现金等，来实现最佳的风险和收益平衡。这不仅是投资组合的分散，更是对客户风险承受能力、财务目标和投资期限等多方面因素的综合考量。科学的资产配置策略能够有效降低投资风险，提高投资回报，使客户在不同市场环境下都能获得相对稳定的收益。

投资管理涉及对客户资产的具体投资操作和管理，核心在于选取合适的投资工具和时机，优化投资组合，以实现客户的财务目标。专业的投资管理者需要具备深厚的市场分析能力和丰富的投资经验，通过对市场趋势、公司财务状况和行业前景等多方面的研究，制定出科学合理的投资策略。投资管理不仅包括买入和卖出决策，还涉及投资组合的动态调整和风险控制，以确保客户资产的持续增值。

税务规划在财富管理中起着关键作用，其目标是通过合法的手段，最大限度地减轻税负，从而增加客户的实际收益。税务规划需要综合考虑客户的收入结构、投资类型和地区税法等多方面因素。合理的税务规划可以通过利用税收优惠政策、选择税收友好的投资工具和进行合理的财产分割等方式来实现。专业的税务规划不仅能够节省税款，还能确保财务安排的合规性和可持续性。

风险管理是财富管理中不可或缺的一环，目的是识别、评估和控制客户面临的各种财务风险，包括市场风险、信用风险、流动性风险和操作风险等。有效的风险管理需要建立全面的风险识别和评估体系，通过定量和定性分析，确定风险的性质和程度。风险管理策略包括使用风险分散、风险对冲和风险转移等手段，以保障客户资产的安全和稳定，确保其财务计划的顺利实施。

退休规划旨在帮助客户在退休后维持较高的生活质量，通过科学的储蓄计划和投资策略，确保退休生活的财务自由。退休规划通常涉及养老金的积累、退休收入的管理以及支出的合理控制。通过定期评估和调整退休计划，可以确保客户在退休后依然能够享受舒适的生活，不必为财务问题担忧。

（二）财富管理的标准流程

财富管理的标准流程是一个系统化的过程，旨在确保客户的财富管理需求得到全面、有效的满足。客户需求分析是整个流程的起点，通过详细了解客户的财务状况、风险偏好、投资目标和时间期限等信息，财富管理专家可以制订出更加个性化的财富管理方案。这一阶段不仅需要专业的财务分析工具，还需要与客户进行深入沟通，了解其生活方式、家庭结构和未来规划等方面，为后续的财务目标设定奠定基础。

财务目标设定是明确客户需求后的重要环节。设定财务目标不仅要考虑客户的当前财务状况，还需预见未来可能的变化和挑战。例如，子女教育、退休规划、重大医疗开支等都是需要提前规划的重要事项。通过设定具体、可量化的财务目标，客户可以更清楚地了解自身的财务状况与目标达成之间的差距，并为后续的资产配置方案设计提供明确的方向。

资产配置方案设计是财富管理流程中的核心步骤，它决定了客户资产的具体投资方向和比例。根据客户的风险承受能力和财务目标，财富管理专家会在股票、债券、房地产、保险等多种资产类别中进行合理配置。科学的资产配置不仅可以分散风险，还能在不同的市场环境下保持资产的稳健增长。资产配置方案需要根据市场变化和客户需求进行动态管理，以确保其持续有效。

投资执行是将资产配置方案付诸实践的过程。财富管理专家会选择具体的投资产品和工具，并根据市场行情进行买卖操作。投资执行不仅要求专业的投资技能和市场分析能力，还需要严格的风险控制和合规管理，确保客户资产的安全性和收益的稳定性。

定期评估与调整是确保财富管理方案长期有效的重要环节。通过定期的财务报告和回顾会议，财富管理专家可以及时发现并纠正方案中的不足，并根据市场变化和客户需求的调整，优化资产配置和投资策略。这一过程不仅提高了财富管理方案的灵活性，也增强了客户对财富管理服务的信任和满意度。

四、财富管理与财务咨询的区别

（一）财富管理的特点

财富管理是一门综合性较强的学科，涵盖了财务管理的各个方面，包括收入管理、支出管理、资产配置、税务筹划、风险管理和遗产规划等多个领域。通过系统化的财务规划，财富管理专家能够帮助客户在不同的经济周期和市场环境中实现财富的保值和增值。为了实现这一目标，财富管理不仅需要了解客户当前的财务情况，还需要预测未来的财务需求和潜在风险。通过全面的财务分析和规划，财富管理能够为客户提供一站式的财务解决方案。财富管理还强调对客户生活方式和生命周期的了解，不同生命周期阶段的客户财务需求各不相同，年轻客户可能更注重积累财富和投资回报，而年长客户可能更关注财富的保值和传承。财富管理专家需要在了解客户生命周期阶段的基础上，给出符合客户特定需求的财务规划，帮助客户实现短期的财务目标，并为客户提供长期的财务保障。

财富管理的核心之一是个性化服务，这意味着每个客户都是独特的，其财务需求和目标也各不相同。财富管理需要根据每个客户的独特情况提供量身定制的解决方案。定制化服务的第一步是全面了解客户的财务状况、风险偏好、投资目标和个人偏好等。通过详细的财务状况评估和深入地沟通，财富管理专家能够准确把握客户的需求，从而给出最适合客户的财务规划。为了实现个性化服务，财富管理还需要灵活运用多种金融工具和策略。不同客户的财务目标和风险承受能力不同，因此需要采用不同的投资组合和风险管理策略。例如，对于风险承受能力较高的客户，可以选择较高风险、高回报的投资产品；而对于风险承受能力较低的客户，则可以选择稳健的投资产品和保守的财务策略。通过这种个性化的财务服务，财富管理能够最大限度地满足客户的财务需求，提高客户满意度和忠诚度。

财富管理强调个性化服务的另一个重要方面是持续的客户关系管理。客户的财务状况和需求是动态变化的，财富管理专家需要持续关注客户的财务变化，并根据变化及时调整财务规划和策略。通过定期的财务评估和沟通，财富管理专家能够确保财务规划的有效性和持续性，从而帮助客户实现长远的财务目标。这种持续的个性化服务不仅能够提高客户的财务安全感，还能够增强客户对财富管理服务的信任和依赖。

（二）财务咨询的特点

财务咨询是一个旨在为客户提供专业财务建议的领域，其核心在于帮助客户解决特定的财务问题。财务咨询师通过详细的财务分析和风险评估，针对客户的具体需求和财务状况，提供定制化的解决方案。无论是税务优化、投资选择还是债务管理，财务咨询师利用其专业知识和经验，为客户提供可行的建议，确保客户在财务决策中能够获得最佳的支持。解决客户的具体财务问题是财务咨询工作的重心，其目标是让客户在复杂的财务环境中作出明智的决策。

财务咨询的显著特点在于其高度的专业性和针对性。每个客户的财务情况和需求都是独特的，因此财务咨询师需要具备深厚的专业知识和分析能力，以便为客户提供量身定制的财务建议。财务咨询师不仅需要了解客户的当前财务状况，还必须考虑外部市场环境、法律法规等多种因素，从而给出最优的财务决策建议。这种高度的专业性和针对性，使得财务咨询在解决客户具体财务问题时具有极高的效率和有效性。

财务咨询更加注重解决客户的单一财务问题，而非全面的财务规划。与综合性的财富管理不同，财务咨询专注于某一个特定的问题，例如投资组合的优化、税务负担的减轻或某一笔大额支出的筹划。这样的专注使得财务咨询能够更加深入地分析和解决问题，为客户提供精准、有效的解决方案。这种专注于单一问题的方式，使得财务咨询在短期内能够为客户提供切实可行的建议和帮助。

通常财务咨询的服务周期较短，常常是在短时间内解决一个具体问题，而非长期的财务规划和管理。这种短期、集中式的服务模式，使得客户能够快速获得专业建议并实施，对于需要迅速解决财务问题的客户来说尤为重要。当面对突发的金融危机或紧急的财务需求时，财务咨询能够迅速提供有效的解决方案，帮助客户渡过难关。

（三）两者的区别

财富管理和财务咨询在现代金融服务中扮演着重要角色，但它们在服务范围和目标上有显著差异。财富管理是一种全面的、综合性的财务服务，涵盖了税务筹划、遗产规划、退休规划和投资组合管理等多个财务领域。财富管理不仅关注客户当前的财务状况，更重视长期的财务健康和财富积累。这需要财富管理专家结合客户的整体财务目标，进行全面的、个性化的财务规划。相比之下，财务咨询更加专注于具体问题的解决，例如税务问题、投资选择或债务管理等。财务咨询的目标是针对客户当前面临的特定问题，提供具体的解决方案，而非对客户的整体财务状况进行全面管理。

财富管理的多样性也体现在其服务对象的广泛性上。财富管理服务的客户包括高净值人士、家庭办公室以及企业主等，这些客户群体的财务需求多样且复杂，需要高度定制化的服务。财富管理的目的不是仅解决当前的财务问题，更在于帮助客户实现长期的财务目标。这需要财富管理专家具备广泛的知识和技能，能够应对多种财务情境并提供综合性的解决方案。而财务咨询通常服务于需要特定财务建议的个人或小型企业，关注点较为单一和具体。财务咨询的目的是在短期内为客户提供针对性的财务建议，解决具体问题。

财富管理的一个重要特点是强调长期性和战略性。财富管理专家通过了解客户的长期财务目标，如退休、子女教育、遗产传承等，进行长期的财务规划。这种规划不仅包括当前的资产配置，还涵盖未来的收入预期、支出计划、风险管理等方面，确保客户的财务健康能够持续到未来各个阶段。通过持续的资产管理和定期的财务评估，财富管理能够帮助客户在长时间内实现财务目标，并在市场波动和生活变迁中保持财务稳定。

财务咨询更倾向于短期的财务建议，帮助客户解决眼前的财务问题。例如，客户可能需要针对某项投资作出决策，或者需要在税务环节寻求合适的税务策略。财务咨询的价值在于其针对性和及时性，能够在短时间内提供有效的解决方案。然而，这种短期的财务建议往往缺乏整体性和长期性，可能无法全面考虑客户的长期财务目标和潜在风险。因此，财务咨询与财富管理在服务目标和方法上的差异，使得它们适用于不同的客户需求和情境。

第二节　财富管理的主要原则

一、长期投资原则

（一）长期投资的概念

长期投资是一种投资策略，投资者通过在较长时间内持有股票、债券、房地产或其他类型的资产，以期获取稳定的收益。这种策略的时间跨度可能从几年到几十年不等。长期投资的核心目标是通过时间的积累，利用市场波动和复利效应，实现资产的增值。持有时间的延长，能够帮助投资者避免短期市场波动带来的风险，从而获得较为稳定且可预见的回报。

时间在长期投资中扮演着重要的角色。通过时间的沉淀，复利效应得以充分发挥，极大地推动了资产的可持续增值。复利效应是指收益再投资后产生的收益也能继续产生收益，从而形成收益的累积增长。投资者在长期持有过程中，通过不断将收益再投资，可以显著提升整体资产的增长速度和总量。时间越长，复利效应的作用越大，资产增值的潜力就越大。

长期投资不仅依赖于时间积累，还需要投资者具备一定的耐心和心理素质。市场总是存在波动，短期内的价格波动可能会对投资者的情绪造成影响。长期投资者需要保持冷静，不被短期波动所左右，坚持自己的投资策略和目标。在市场低迷时，持有优质资产的投资者不仅不会轻易抛售，反而可能选择加仓，以更低的成本获得更多的资产份额，从而在市场回暖时获得更高的回报。

合理的资产配置和风险管理也是长期投资成功的关键。投资者应根据自身的风险承受能力和财务目标，选择适合的资产组合，避免集中投资于单一资产或行业。通过分散投资，降低个别资产或市场波动带来的风险，提高整体投资组合的稳定性。在长期投资中，资产配置的优化和调整是一种动态过程，需要根据市场环境和个人情况的变化进行适时调整，以确保投资目标的实现。

（二）长期投资的优势

长期投资的一个主要优势在于，时间能够有效平滑短期市场波动，降低投资风险。市场的短期波动是由各种短期因素驱动的，如经济数据发布、政治事件发生、自然灾害发生等，这些因素常常导致市场短期内的剧烈波动。然而，长期投资者可以通过较长时间持有资产来消除这些短期波动的影响。长期持有可以让投资者避免在市场低谷时仓促抛售，从而减少潜在的损失。历史数据表明，尽管市场会经历周期性的波动，但从长期来看，市场总体上呈现上升趋势。因此，长期投资不仅有助于投资者保持冷静，避免情绪化决策，还可以利用市场的长期上升趋势，实现资产的保值和增值。

复利效应是长期投资的另一大优势。复利效应指的是投资收益再投资后继续产生收益，形成利滚利的效果，从而实现财富的快速增长。通过长期投资，投资者可以充分利用复利效应，获得远超单利计算的回报。在复利效应的驱动下，投资的初始金额和每期的收益都会逐渐增加，形成一种滚雪球的效应。尤其是在投资周期较长的情况下，复利效应的威力将更加显著。长期投资不仅能够为投资者提供稳定的收益，还能通过复利效应实现财富的持续增长。为了充分利用复利效应，投资者需要保持耐心，避免频繁买卖，从而让时间成为财富增长的最大助力。

（三）长期投资的实施策略

选择优质的投资标的是财富管理中至关重要的一环。优质的投资标的通常具有稳健的财务表现、良好的行业前景和强大的市场竞争力。这类标的可以包括蓝筹股、国债、高评级企业债券等，其共同特点是风险相对较低、收益较为稳定。长期持有这些投资标的能够有效抵御市场短期波动，降低交易成本，并通过时间的积累实现复利效应，提升整体投资收益。避免频繁交易不仅可以减少交易费用和税负，还能避免因市场情绪波动导致的不理性决策。在选择优质标的时，需综合考虑公司的财务状况、管理层的能力、行业发展趋势以及宏观经济环境等多方面因素，通过深入的基本面分析，识别具有长期增长潜力的公司和资产。此外，投资者还应关注标的的估值水平，避免在市场高估时买入。合理的估值不仅能够提供安全边际，也能增加未来的收益空间。

定期评估投资组合是确保投资策略持续有效的重要手段。市场环境是动态变化的，经济周期、政策调整、行业变迁等诸多因素都可能影响投资标的的表现。定期评估可以帮助投资者及时发现并应对这些变化，保持组合的健康与平衡。具体评估内容包括资产配置的合理性、个别投资标的的表现、风险水平的变化等。评估的频率可以根据市场状况和投资者的具体情况确定，一般建议每半年或每季度进行一次全面评估。在评估过程中，对于表现不佳或基本面发生重大变化的投资标的，投资者应果断进行调整。例如，如果某公司财务状况恶化或行业前景不再看好，可以考虑卖出该股票并将资金重新配置到更具潜力的标的上。同时，对于那些估值过高、风险显著增加的投资标的也应适时减仓。通过这种动态调整，投资者能够更好地控制风险、优化收益，确保投资组合始终处于最佳状态。

二、风险与收益平衡原则

（一）风险与收益的基本概念

在投资活动中，风险与收益是两个核心概念。风险指的是投资结果的不确定性，这种不确定性可能表现为本金损失、收益波动以及市场环境变化等多方面因素。收益则是投资者在一定时期内从其投资中获得的回报，包括资本增值和收入两部分。通常情况下，收益越高，伴随的风险也越大。这是因为高收益的投资往往涉及更大的市场波动或不确定性，例如股票市场的高回报伴随着价格波动的高风险。

理解和评估风险与收益的关系是制定投资决策的重要基础。投资者需要明确自己的风险承受能力，即在多大程度上能够接受投资损失。风险承受能力受多种因素影响，包括投资者的财务状况、投资目标、市场知识以及心理承受能力。通过使用风险评估模型和方法，投资者可以更准确地预测和衡量不同投资选择的潜在风险和收益，从而作出更加明智的决策。这种理解不仅有助于选择适合的投资工具，还能帮助投资者在面对市场波动时保持理性。

在实际投资过程中，风险和收益之间的平衡是一个动态的过程。市场环境和个人情况都会不断变化，因此投资者需要持续评估自己的投资组合。通过分散投资、选择适合的投资工具以及合理的资产配置，可以在一定程度上降低风险，同时实现预期收益。例如，通过投资于不同类型的资产，如股票、债券、房地产等，可以有效分散单一资产类别的风险。这样，不同资产类别的风险特性可以互相抵消，从而实现更稳定的回报。

风险与收益的平衡不仅是个人投资者需要关注的问题，也是机构投资者和财富管理专家的重要职责。财富管理专家需要根据客户的风险偏好和财务目标，提供个性化的投资建议和策略。通过科学的资产配置和风险管理工具，帮助客户在不同市场环境中实现财富的保值和增值。这种专业服务不仅提高了投资的成功率，还能在市场波动中更好地保护客户的资产。

（二）风险与收益的平衡策略

财富管理中的一个重要策略是通过多元化投资来平衡收益与风险。多元化投资旨在将资金分散到不同类型的资产上，如股票、债券、房地产和商品等，从而降低单一资产类别带来的风险。这种分散不仅限于资产类别的多样化，还包括地理区域、行业和市场的多样化。例如，通过在全球范围内进行投资，投资者可以规避某一国家或地区的经济波动带来的风险。在不同市场周期中，不同资产类别的表现往往不尽相同，一些资产可能在经济上行时表现出色，而另一些则在经济下行时表现更为稳健。通过科学的多元化投资，投资者能够在不同市场环境中获得相对稳定的收益，最终实现长期财富增值。

多元化投资需要系统分析各类资产的风险和收益特征以及它们之间的相关性。现代资产组合理论（Modern Portfolio Theory）提供了一个理论框架，帮助投资者通过构建有效边界（Efficient Frontier）来实现最优的风险收益组合。有效边界上的投资组合在给定的风险水平下，能够实现最大的预期收益。通过应用这一理论，投资者可以科学地进行资产配置，最大限度地分散风险。多元化投资不仅提升了投资组合的稳健性，还为投资者在复杂多变的市场环境中提供了更为灵活的应对策略。

制定适当的投资策略是财富管理中的关键步骤之一，其核心在于了解每位投资者的风险承受能力。风险承受能力是指投资者在面对潜在投资损失时所能承受的心理和财务压力。不同投资者的风险承受能力差异很大，这取决于多个因素，包括投资者的年龄、收入水平、财务状况、投资目标和心理特质等。在实际财富管理中，需要通过风险评估问卷或访谈等方式，深入了解投资者的风险偏好和风险承受能力。例如，年轻的投资者通常具有较高的风险承受能力，因为他们距离退休还有较长时间，能够承受较大的短期波动，而年长的投资者则可能倾向于保守的投资策略，以确保资本的安全性。

根据评估结果，财富管理专家可以为投资者量身定制投资组合，合理配置高风险和低风险资产，确保投资策略与投资者的风险承受能力相匹配。在制定投资策略时，还应考虑投资者的长期财务目标和市场环境的变化。例如，对于风险承受能力较高的投资者，可以增加股票等高收益高风险资产的配置比例，而对于风险承受能力较低的投资者，则应重点配置债券和货币市场基金等低风险资产。此外，投资策略应具备一定的灵活性，能够根据市场环境的变化和投资者个人情况的调整进行动态优化，从而在不同的市场周期中实现最优的风险收益平衡。

（三）风险与收益平衡的实现方法

在财富管理中，全面的风险评估是一个至关重要的步骤。通过详细的风险评估，可以准确了解投资者的风险承受能力和财务状况，从而为其制定最为合适的财富管理策略。风险评估通常涵盖多个维度，包括投资者的收入水平、资产负债状况、家庭结构、职业稳定性以及未来的财务目标等。评估过程中，可以采用问卷调查、面对面访谈等方式，收集全面而详细的信息，确保对投资者的风险偏好有深入的了解。精准的风险评估能在财富管理过程中实现风险与收益的平衡，满足投资者的长期财务需求。

投资者的风险偏好是动态变化的，随着年龄、收入、市场环境等因素的变化，投资者的风险承受能力也会发生变化。因此，在财富管理过程中应定期进行风险评估，及时调整投资策略，以应对投资者风险偏好的变化。动态的风险评估可以确保投资组合始终符合投资者的风险承受能力和财务目标，最大限度地降低投资风险。通过这种方式，财富管理能够更好地适应投资者的变化需求，实现长期的财务安全和增长。

资产配置是实现风险与收益平衡的核心手段。通过合理的资产配置，可以在不同类型的资产之间分散风险，优化投资组合的整体收益。高风险资产如股票、权益类基金等，虽然可能带来较高的收益，但其波动性也较大；低风险资产如债券、货币市场工具等，虽然收益相对较低，但其波动性较小，能够在市场波动中提供较为稳定的回报。将资金合理分配在高风险和低风险资产之间，可以在追求收益的同时有效控制风险。

在进行资产配置时，需要综合考虑投资者的风险偏好、投资期限、财务目标等因素。对于风险承受能力较高的投资者，可以适当增加高风险资产的配置比例，获取较高的潜在回报；对于风险承受能力较低的投资者，则应更多地配置低风险资产，保证投资的稳定性和安全性。资产配置的原则不仅是分散风险，更是通过科学的组合优化，提高投资组合的风险调整后收益（Riska djusted Return）。

资产配置也需要动态调整。市场环境、经济周期、政策变化等都会影响不同资产类别的表现，因此需要定期对投资组合进行重新评估和调整。根据市场变化和投资者的需求，优化资产配置比例，确保投资组合在任何市场环境下都能实现风险与收益的平衡。通过动态的资产配置，财富管理能够更好地实现投资者的长期财务目标，最大限度地提升投资的安全性和收益性。

三、多元化投资原则

（一）多元化投资的意义

多元化投资是一种通过在不同资产类别、行业和地区之间分散投资，以降低单一资产或市场波动对整体投资组合影响的策略。单一资产的价格波动往往受到宏观经济环境、行业动态和企业经营状况等多种因素的影响。如果投资者将所有资金集中在单一资产或市场，一旦该资产或市场出现不利变化，投资者的财务状况将遭受严重影响。多元化投资则通过在不同资产之间分散风险，减少单一资产波动对投资组合的负面影响。例如，当股票市场下跌时，债券市场可能表现较为稳定；反之亦然。因此，多元化投资能够在一定程度上平滑投资组合的波动，降低整体风险。

多元化投资的另一个重要作用是增强投资组合的稳定性。通过在多个资产类别中进行投资，投资者可以在不同市场条件下获得不同的收益来源。这不仅限于股票和债券，还可以包括房地产、商品、私募股权等多种资产类别。不同资产类别的表现通常具有较低的相关性，在某一市场环境下表现良好的资产类别，可能在另一市场环境下表现不佳。通过合理配置不同资产，投资者可以在不同经济周期中获得相对稳定的收益，从而实现长期稳健的投资目标。例如，在经济繁荣时期，股票市场可能表现优异，而在经济衰退时期，债券和黄金等避险资产则可能提供更好的保护和收益。

多元化投资不仅有助于分散风险和提高收益稳定性，还能够为投资者提供更多的投资机会和选择。通过在全球范围内进行多元化投资，投资者可以捕捉不同地区和行业的投资机会，充分利用全球经济的增长潜力。例如，新兴市场经济体通常具有较高的增长潜力，通过投资这些市场，投资者可以获得高于发达市场的潜在收益。此外，不同资产类别和市场具有不同的风险收益特征，投资者可以根据自身的风险承受能力和投资目标，灵活调整投资组合，以实现最佳的风险收益平衡。

（二）多元化投资策略

多元化投资策略的核心在于通过在不同资产类别之间合理配置资金来分散风险，从而降低整体投资组合的风险。股票、债券和房地产是最常见的三种资产类别，每种资产类别具有不同的风险收益特性和市场行为。股票通常具备较高的波动性和潜在收益，但也伴随较高的短期风险。债券则相对稳定，提供固定收益，是一种低风险的投资选择。房地产投资不仅具有资产增值的潜力，还能通过租金收入提供稳定的现金流。通过在这些不同的资产类别之间进行投资，投资者能够在不同市场条件下维持较为稳定的投资组合表现。

多元化投资不仅限于传统的股票、债券和房地产，还可以涉及其他资产类别如大宗商品、私募股权和对冲基金等。这些非传统资产类别通常与传统资产类别的相关性较低，能够进一步分散风险，提升投资组合的风险调整后收益。大宗商品如黄金和原油，其价格波动往往与股票市场呈负相关，可以在市场波动时提供避险功能。私募股权和对冲基金则通过专业的管理和独特的投资策略，提供额外的收益来源。通过在这些不同资产类别之间进行合理配置，投资者可以构建一个更加稳健和多样化的投资组合。

在同一资产类别内，进一步进行多元化投资，是优化投资组合的一项重要策略。在股票投资中，不同的行业和地区具有不同的经济周期和市场特性。例如，科技行业通常具有较高的增长潜力，但也伴随较高的波动性；而消费品行业则相对稳定，受经济周期的影响较小。通过在不同的行业之间分散投资，投资者可以在某些行业表现不佳时，依靠其他行业的良好表现来平衡整体投资组合的收益。此外，不同地区的市场具有不同的经济发展水平、政策环境和市场风险，通过在全球范围内分散投资，可以进一步降低投资组合的系统性风险。

债券投资中，不同的发行主体和债券类型也具有不同的风险收益特性。政府债券通常被认为是低风险的投资选择，而公司债券则根据发行公司的信用评级具有不同的风险水平。通过在不同的债券类型和发行主体之间分散投资，投资者可以在获得稳定收益的同时，降低单一债券违约带来的风险。在房地产投资中，不同地区的房地产市场受区域经济、人口流动和政策环境等因素的影响，通过在不同地区进行投资，投资者可以平衡单一地区市场波动带来的风险，获得更为稳定的收益。

（三）多元化投资的实施方法

制订多元化投资方案时，需首先明确投资者的投资目标和风险偏好。投资目标通常包含短期和长期的财务需求，如购房、子女教育基金或退休计划。通过问卷调查、面谈或其他评估工具，可以准确了解投资者的风险承受能力。风险偏好涉及投资者在面对市场波动时的心理承受力和容忍度。一旦明确了这些要素，财富管理专家应根据不同的资产类别，如股票、债券、房地产和现金等，设计一个分散风险的投资组合。

在多元化投资方案中，不同资产类别的配置比例至关重要。这一比例不仅要考虑投资者的风险承受能力，还需结合市场环境和经济周期。例如，风险偏好较高的投资者可以适当增加股票的比例，而风险厌恶型投资者则可能更倾向于固定收益类资产。地理区域多元化也是降低风险的重要手段。通过投资国内外市场，投资者可以进一步分散地缘政治和经济波动带来的风险。

投资组合的表现评估是财富管理中的一个关键环节。定期评估不仅可以了解投资组合的回报情况，还能及时发现潜在的风险和问题。通常，季度或半年度是常见的评估时间频率。在评估过程中，财富管理专家应结合市场变化、经济指标和投资者的财务状况进行全面分析。通过绩效评估，可以判断投资组合是否达到了预期目标，是否需要调整资产配置比例。

调整投资组合时需考虑多方面因素。市场环境的变化可以影响不同资产类别的表现。例如，经济衰退期间，股票市场可能表现不佳，此时增加债券比例可能是合理的选择。投资者个人情况的变化，如退休时间临近或意外支出增加，也需要对投资组合进行相应调整。税收政策的变化也可能影响投资策略，需要进行税收优化，以最大化投资回报。

四、流动性管理原则

（一）流动性的基本概念

在财富管理中，流动性是一个关键概念，指的是资产在短时间内转换为现金的能力。这种能力对于投资者来说具有重要意义，因为它决定了在紧急情况下，投资者能否快速获取所需的资金，从而应对突发的财务需求。流动性不仅是一个理论层面的概念，它也在实际操作中对资产配置和风险管理具有重要的指导作用。

高流动性的资产如现金、银行存款和短期国债，通常被视为低风险资产，因为它们可以在需要时迅速变现，提供资金支持。这意味着投资者可以在面对突发财务需求时，迅速筹集到所需的资金，而不必担心会遭受重大损失。这种资产的高流动性特性，极大地增强了投资者财务管理的灵活性和稳定性。

低流动性的资产如房地产、私人股权和某些长期债券，虽然可能提供更高的回报，但在紧急情况下变现困难且可能伴随较大的价格波动风险。投资者在选择这些资产时需要慎重考虑，因为它们在市场波动较大或经济下行周期中，可能面临较大的流动性风险。

流动性管理是财富管理的核心原则之一，旨在平衡资产的流动性和收益率。投资者需要根据自身的财务状况和风险承受能力，合理配置高流动性和低流动性的资产，以实现财务目标和满足流动性需求。通过适当增加现金和短期投资的比例，同时控制高风险、低流动性资产的比重，可以在确保资产增值的同时，保证在需要时能够迅速变现，提供资金支持。

市场环境和经济周期的变化也是流动性管理需要考虑的重要因素。在经济下行周期或市场波动较大时，保持一定的流动性储备尤为重要。这不仅有助于应对不确定的市场风险，还能在市场回暖时把握投资机会。因此，财富管理专业人士应定期评估资产的流动性状况，调整投资策略，以确保资产配置的合理性和流动性水平的稳定。

（二）流动性管理的重要性

流动性管理是财富管理的重要组成部分，其核心目的是确保个人或家庭在任何时间点上能够及时获取所需的现金或等价物，以满足日常财务需求和应急状况。日常财务需求包括但不限于生活费用、日常开支、学费、医疗费用等。这些需求具有一定的规律性和可预见性，因此需要在进行财富管理时预先规划好相应的流动资金比例。应急资金的准备则是应对突发事件的关键。突发事件可能包括失业、重大疾病、意外事故等，这些情况通常会带来不可预见的财务压力。为了应对这些紧急情况，需要设定合理的应急资金储备，一般建议应急资金的储备量在 36 个月的生活费用之间，以确保在紧急情况下不至于陷入财务困境。

资产的灵活性是指资产能够迅速转换为现金或能满足特定财务需求的能力。在财富管理中，保持资产的高流动性是减少财务压力的重要手段之一。高流动性的资产包括现金、储蓄存款、货币市场基金等，这些资产可以在短时间内变现，且变现过程中不会遭受重大损失。合理配置高流动性资产可以确保在需要时迅速获取资金，从而减少财务压力。资产的灵活性还体现在资产配置的多样化上，通过分散投资，可以有效降低单一资产或市场波动带来的风险，从而提高整体资产的稳定性和灵活性。例如，可以通过配置股票、债券、房地产等不同类型的资产来实现财务目标，这不仅能提高资产的回报率，还能在一定程度上增强资产的流动性。通过科学合理的资产配置策略，既能实现财富的保值增值，又能在需要时迅速调整资产结构，以应对各种财务需求和市场变化。

（三）流动性管理的策略

在现代金融管理中，保持适当比例的高流动性资产是至关重要的。这些资产包括现金、短期债券等，能够在市场波动中提供稳定的资金流动性。高流动性资产可以迅速转换为现金，满足企业或个人在短期内的支付需求，降低因资金短缺带来的风险。现金是一种最直接的高流动性资产，能够立即用于支付，而短期债券则兼具安全性和流动性，能够在短时间内变现且通常有较低的风险。保持这些资产的适当比例，不仅可以应对日常运营中的突发情况，还能在市场出现动荡时，提供一定的缓冲。

在金融规划中，制订紧急预备金计划是不可或缺的一部分。这项计划的核心是确保在紧急情况下，有足够的资金应对各种不可预测的财务需求。紧急预备金通常应覆盖三～六个月的日常开销，以防止在收入中断、发生意外支出或其他紧急情况下出现财务困境。紧急预备金应存放在高流动性账户中，例如活期存款或高利率的储蓄账户，以确保资金能够随时取用。这种准备不仅提升了财务的稳定性，也增强了应对突发事件的能力，使个人或企业在发生危机时能够从容应对。

第三节　财富管理的重要性分析

一、财富管理对个人财务健康的影响

（一）财务健康的定义

财务健康是指个人或家庭在财务方面的稳定性和可持续性。这一概念涉及多个重要财务因素，包括收入的稳定性、支出的可控性、资产的多样性以及债务的管理水平。财务健康不仅是拥有足够的财富，更注重如何有效地管理和分配这些财富，从而在面对各种经济变动和突发事件时，依然能够保持稳定的财务状况和生活质量。实现财务健康的核心目标是确保长期的财务可持续性，使个人或家庭在不同的生命周期都能拥有足够的财务资源。

财富管理通过系统的财务规划和管理，能够显著提升财务健康水平。系统的财务规划涵盖了多个方面，包括收入管理、支出控制、投资策略制定、风险管理以及税务规划等。科学的财务管理方法可以帮助个人或家庭制定合理的财务目标，并采取有效措施来实现这些目标。例如，通过合理的投资组合，可以在分散风险的同时，最大化投资回报；通过严谨的预算管理，可以确保日常支出在可控范围内，从而避免财务危机的发生。

系统性的财富管理不仅是简单的理财行为，而是一个复杂的过程。这个过程需要全面考虑个人或家庭的财务状况、生活目标和风险承受能力，并根据这些因素进行个性化的财务规划。全面的财富管理能够提供全方位的财务支持和指导，帮助个人或家庭实现财务健康。例如，在收入管理方面，通过科学的职业规划和收入增长策略，可以确保收入的持续稳定；在支出管理方面，通过制订合理的预算和支出计划，可以避免不必要的消费，增加储蓄和投资的比例。

实现财务健康需要长期的坚持和管理，财富管理在这一过程中扮演着至关重要的角色。通过长期的财富管理，可以逐步积累财富，实现财务自由。此外，财富管理还能够提供风险管理和应急预案，确保在面对突发事件时，个人或家庭依然能够保持财务稳定。例如，购买适当的保险产品，可以为家庭提供必要的财务保障；建立应急基金，可以在突发事件发生时提供财务支持，从而避免因意外事件导致的财务危机。

（二）财富管理保持财务健康的方法

制订科学的财务计划，实现收入与支出的平衡，是保证个人财务健康的基石。对个人的收入和支出进行全面而细致的分析是至关重要的。通过对收入来源进行分类，并评估每一项收入的可持续性，确保财务计划的现实性和可行性。在支出方面，通过分类整理固定支出、可变支出和非必要支出，可以明确哪些支出是不可避免的，哪些支出可以优化或减少。详细的分类和分析步骤，有助于个人了解自己的财务状况，从而制订出切实可行的预算计划。

预算计划不仅反映当前财务状况，更是对未来财务健康的预期和规划。设定预算时，应考虑未来可能出现的风险和不确定性，如突发的医疗费用和失业风险等。建立应急基金也是财务计划的重要组成部分。应急基金应至少覆盖3～6个月的生活开支，以应对突发状况带来的财务压力。利用财务计划进行税务规划，合理合法地减轻税负，也可以增加可支配收入，保持财务健康。

通过合理的投资和风险管理，提升资产的保值和增值能力，是财富管理的关键。投资的首要原则是多样化，以分散风险。不同的投资工具，如股票、债券、房地产和基金等，具有不同的风险和收益特性。合理配置这些工具，可以在提升整体收益的同时，有效降低单一投资工具带来的风险。具体的资产配置方案需要根据个人的风险承受能力、投资目标和投资期限来制订。长期投资者可以更多地配置高风险、高收益的资产，而短期投资者则应侧重于低风险、稳定收益的资产。

风险管理在投资过程中同样不可忽视。应对投资风险进行全面评估，明确哪些风险是可以接受的，哪些风险需要规避。采用对冲策略、购买保险以及设置止损点等方法，可以在一定程度上控制和减小投资风险。定期评估和调整投资组合也是风险管理的重要环节。市场环境瞬息万变，投资组合需要不断调整，以适应新的市场条件和个人财务目标的变化。通过科学的风险管理策略，不仅可以有效降低投资风险，还能在市场波动中抓住机遇，实现资产的保值和增值。

（三）财富管理对财务健康的长期影响

财富管理在当今社会中显得尤为重要，因为它不仅能够显著提高个人的财务安全感和生活质量，还能有效减少财务带来的压力。通过合理的财富管理，个人可以更加清晰地了解自己的财务状况，制订切实可行的财务计划，从而有效降低由财务不确定性带来的压力。具体而言，财富管理涵盖了资产配置、风险管理和现金流规划等多个方面。比如，资产配置通过合理分配投资组合，可以降低投资风险；风险管理则通过保险等手段，保障在面对突发事件时依然能够维持稳定的生活质量；现金流规划则确保个人在各个阶段都有足够的资金应对日常生活和突发支出。这些措施的综合运用，不仅有助于提升个人的财务安全感，还能在心理健康方面产生积极影响，从而促进个人在职业发展和生活方式方面作出更加积极的决策。

财富管理的核心目标是帮助个人实现其财务目标，从而保障长期的财务稳定和可持续发展。通过科学的财富管理，个人可以明确自身的短期和长期财务目标，如购房、教育储备和退休规划等。根据这些目标，个人可以进行系统的财务规划和投资决策，从而确保在各个生命周期维持财务健康。例如，购房目标可以通过储蓄和贷款相结合的方式实现，教育储备则可以通过设立专项基金来保障子女教育费用，退休规划则需要通过长期投资和养老金计划来确保退休后的生活质量。此外，财富管理还强调不断调整和优化方案，以应对通货膨胀、市场波动等风险，确保财务的稳健性和可持续性。通过这些措施，个人不仅能够实现短期和长期的财务目标，还能在各个阶段保持财务的稳定和可持续发展。

二、财富管理在实现财务目标中的作用

（一）财务目标的设定

财富管理的首要任务是根据个人或家庭的具体财务状况和需求，设定合理的财务目标。财务状况包括收入、支出、资产、负债等方面，通过全面评估这些因素，财富管理专家能够为客户进行个性化的财务规划。需求分析涉及生活质量提升、子女教育、退休规划等不同层面的目标。合理的财务目标不仅要符合客户的现有财务状况，还应具备可行性和可持续性，以确保能够有效地实现这些目标。通过科学的规划和细致的评估，客户可以更好地管理他们的财务资源，实现长期的财务健康和稳定。

设定财务目标需要综合考虑短期、中期和长期的不同需求。短期目标通常包括应急基金的建立、短期债务的偿还、旅行计划等，这些目标相对易于实现，时间跨度一般为一年以内。中期目标则可能涉及子女的教育基金、购房计划等，时间跨度通常为一～五年。长期目标则包括退休储蓄、长期投资等，时间跨度可能长达数十年。因此，设定财务目标时，需要科学地分配资源，确保在不同阶段都能实现预期的财务成果。

在设定财务目标时，必须全面考虑不同阶段的需求，以确保财务规划的全面性和系统性。短期目标往往是应急性和即时性的需求，如建立应急储备金以应对突发事件，或是偿还短期高利率债务。中期目标则关注未来几年的重大财务事件，如购买房产或汽车、子女的教育费用等。长期目标则涵盖更长远的规划，如养老储蓄、长期投资等。这些目标的设定不仅需要考虑当前的财务状况，还需要预测未来可能的财务变化和需求。

为了有效地实现这些财务目标，财富管理专家通常会建议客户采取分步实施的策略。通过设定明确的短期目标，可以为实现中期和长期目标打下坚实的基础。通过科学的资产配置和投资策略，可以在中期实现资产的稳健增长。通过长期的规划和调整，可以确保客户在退休后仍能保持较高的生活质量。因此，全面涵盖短期、中期和长期不同阶段的财务目标，是实现财务自由和财富增长的关键。通过这样的系统规划，客户能够更好地应对财务挑战，确保财务安全和稳定。

（二）财富管理助力目标实现的方法

财富管理在实现财务目标过程中，科学的资产配置和投资策略是不可或缺的关键环节。资产配置的核心在于通过合理的分散投资，降低整体投资组合的风险，并在不同市场环境中获取相对稳定的收益。具体而言，资产配置需要考虑投资者的风险承受能力、投资期限、流动性需求以及市场状况等因素，设计出多元化的投资组合，涵盖股票、债券、房地产、现金等多种资产类别。这种分散投资不仅能够平衡风险与收益，还能在不同的经济周期中体现出较强的抗风险能力。

科学的投资策略同样至关重要。投资策略的制定需要基于严谨的财务分析和市场研究，确保投资决策的科学性和合理性。常见的投资策略包括价值投资、增长投资、指数投资等。价值投资注重选择那些被市场低估的优质资产，增长投资侧重于寻找具有较高增长潜力的企业，指数投资则通过购买市场指数基金来实现与市场平均收益同步的目标。无论采用何种策略，投资者都需要坚持长期投资的理念，避免短期市场波动对投资决策的影响，从而实现财务目标的最大化。

定期评估和调整财务计划是财富管理中不可或缺的步骤，它能够确保投资者在不断变化的市场环境中，始终朝着既定的财务目标前进。定期评估可以帮助投资者及时发现财务计划中的不足之处，并进行相应的调整。评估的内容包括投资组合的表现、市场环境的变化、个人财务状况的变动等。通过定期评估，投资者可以了解自己的投资是否达到预期效果以及是否需要进行调整。

调整财务计划通常涉及重新审视投资组合的配置，适当增加或减少某类资产的比例，以适应市场变化和个人财务目标的调整。例如，在市场环境不确定性增加的情况下，投资者可能需要降低高风险资产的比例，增加防御性资产的配置比例，以降低整体投资组合的风险。此外，个人财务目标的变化，如退休计划的调整、子女教育费用的增加等，也需要相应调整财务计划，确保财务目标的实现。

三、财富管理对风险控制的贡献

（一）风险控制的基本概念

在财富管理中，风险控制是一个通过一系列措施来降低投资风险，从而实现财务稳定和可持续发展的过程。它不仅保护了财富，还为财富增值打下了基础。通过风险控制，投资者能够在复杂多变的市场环境中保持财务健康。风险控制不是被动的防御手段，而是积极的管理工具，帮助投资者在复杂多变的市场环境中保持财务健康。

风险识别是风险控制的第一步，旨在发现并明确各种可能影响投资的风险因素。通过对市场、经济、政策及其他外部环境的全面分析，投资者可以初步了解潜在的风险来源。风险识别不仅依赖于对宏观经济的理解，还需要关注微观经济的变化，以及行业和公司的具体情况。这一过程需要借助于专业的分析工具和数据支持，以确保风险识别的全面性和准确性。

在风险识别的基础上，风险评估对识别出的风险进行量化和优先级排序。通过定量和定性的方法，评估每一种风险的发生概率和潜在损失，从而确定其对投资组合的影响程度。风险评估不仅需要考虑单个风险的影响，还需要考量多个风险因素的叠加效应。评估结果将为风险管理提供科学依据，帮助投资者制定合理的应对策略。

风险管理是风险控制的最终环节，涵盖了风险规避、风险转移、风险分散和风险对冲等多种策略。通过合理配置资产和多样化投资组合，投资者可以有效地分散和降低风险。同时，利用金融衍生工具，如期权、期货等进行对冲，可以进一步减少市场波动对投资组合的影响。此外，定期监控和调整投资策略，保持投资组合的灵活性和适应性，也是风险管理的重要内容。

（二）财富管理在风险控制中的作用

财富管理的核心目标之一是实现资产的保值与增值，而多元化投资和资产配置是实现这一目标的重要手段。通过在不同资产类别（如股票、债券、房地产、商品等）之间进行投资，可以有效分散单一资产类别的风险。具体而言，不同资产类别具有不同的风险收益特性和市场表现，它们之间的相关性较低，当某一类资产表现欠佳时，其他资产可能会表现优异，从而平衡整体投资组合的表现。这种多元化投资策略能够在不同的市场环境中保持相对稳定的收益，降低单一市场波动对整体资产的冲击。从地域分散到行业分散，多层次的多元化投资策略让投资者更好地应对不确定性和市场波动，提升投资组合的稳定性和安全性。

在财富管理中，风险管理工具和策略的运用至关重要。专业的财富管理机构通常会使用一系列先进的风险管理工具，如风险评估模型、压力测试和情景分析等，来评估和预测市场风险。这些工具能够帮助投资者识别潜在风险，制定相应的应对策略，确保投资组合在各种市场条件下都能保持稳定的表现。例如，通过风险评估模型，投资者可以了解其投资组合的风险敞口，进而采取对冲策略，如使用衍生品工具（如期权、期货等）来对冲市场风险。动态资产配置策略也是一种有效的风险管理手段。根据市场环境和投资目标的变化，灵活调整投资组合的配置比例，如在市场风险增大时增加低风险资产的配置比例，减少高风险资产的配置比例。这种动态调整的策略能够在不同的市场周期中保持投资组合的灵活性和适应性，降低市场波动对资产的影响。

通过多元化投资和资产配置，以及使用专业的风险管理工具和策略，财富管理能够有效分散投资风险，降低市场波动对资产的影响，实现资产的长期稳健增值。财富管理不仅是对资产进行简单的分配和管理，更在于通过科学和系统的方法，帮助投资者在复杂多变的市场环境中实现财务目标。无论是新手投资者还是资深专业人士，采用这些策略都能显著提升投资组合的整体表现和安全性。

（三）财富管理的风险控制工具

在现代财富管理中，风险控制扮演着至关重要的角色。无论是个人还是企业，都需要通过各种手段来转移和分散风险，以确保财务的稳定与安全。这不仅包括使用传统的保险工具，还涉及利用金融衍生品进行对冲。同时，科学的财务规划和管理也是预防和应对潜在财务风险的重要手段。

保险作为一种传统且广泛应用的风险转移工具，通过支付一定的保费，个人或企业可以在发生意外事件时获得经济补偿，从而将潜在的财务损失转移给保险公司。常见的保险种类包括人寿保险、健康保险、财产保险等，每一种保险都有其特定的风险覆盖范围，能够有效地降低特定类型的风险暴露。这种机制不仅为投保人提供了经济上的保障，还在一定程度上缓解了突发事件带来的心理压力。

对冲工具则主要应用于金融市场，通过金融衍生品如期权、期货等来对冲市场波动风险。这些工具能够提供一种机制，使投资者在市场出现不利变化时，通过对冲交易获得一定的补偿，从而平衡整体投资组合的风险敞口。例如，投资者可以通过购买看跌期权来对冲股票市场的下跌风险，或者通过期货合约来锁定商品价格，从而减少市场波动对投资组合的负面影响。

科学的财务规划和管理是实现有效风险控制的另一种重要手段。财务规划不仅包括收入和支出的合理安排，还涉及资产配置、债务管理、税务规划等多个方面。通过科学的财务规划，个人和企业可以提前识别和评估潜在的财务风险，并采取相应的预防措施。例如，通过合理的资产配置，可以分散投资风险，减少单一投资失利对整体财富的影响；通过有效的债务管理，可以避免过度负债和债务违约风险；通过税务规划，可以合法减少税务支出，提高整体财务状况。

科学的财务管理还包括定期的财务审计和风险评估，以确保财务规划的有效性和持续性。定期审计可以帮助发现财务管理中的漏洞与不足，并及时进行调整和改进。此外，定期的风险评估可以帮助个人和企业及时应对外部环境的变化，从而保持财务的健康与稳定。

四、财富管理在财富传承中的意义

（一）财富传承的基本概念

财富传承是指将个人或家庭的财富传递给下一代或指定受益人的过程。这一过程不仅涉及财富的物理转移，更包括对财富管理理念、价值观和家庭文化的传递。财富传承的有效性不仅影响到财富的保值和增值，也对家族的持续繁荣和稳定有着深远的影响。通过科学合理的财富传承规划，可以确保财富在代际之间顺利交接，避免由于遗产纠纷、税务负担等问题导致的财富流失。

遗产规划在财富传承中扮演着核心角色。遗产规划是指通过法律、财务等手段，对个人或家庭的财富进行系统安排，以实现财富保护、合理分配和增值。有效的遗产规划不仅能够确保财富按照预期传承，还能最大限度地减少在继承过程中的争议和法律风险。在遗产规划中，遗嘱、信托、保险等工具的使用是关键，它们能够在法律框架内实现财富的保值和传承目标。

税务筹划是财富传承过程中不可忽视的一环。合理的税务筹划能够在遵守法律法规的前提下，最大限度地减轻税务负担，从而增加传承的实际财富。税务筹划方法包括但不限于遗产税、赠与税的优化设计，通过信托、保险等工具进行税务减免和避税安排。税务筹划不仅需要专业的税务知识，还需要对法律和财务工具的深刻理解，以确保财富在传承过程中合法、合规地实现增值。

财富传承不仅是一个财务问题，更是一个涉及人际关系和家庭治理的复杂过程。成功的财富传承需要综合考虑家族成员的需求、家庭价值观和财富管理理念等多方面因素。通过建立家庭宪章、设立家族会议以及制订长远的家族财富管理计划，可以促进家族成员的共识和合作，确保财富传承的顺利进行和家族的长久繁荣。

（二）财富管理在财富传承中的作用

科学的遗产规划不仅能确保财富的平稳传承，还能有效避免家庭内部因遗产分配不公而引发的争端。财富管理专家通过综合考虑客户的家庭结构、资产状况和财务目标，制订个性化的遗产规划方案。这个过程通常包括遗嘱的撰写、生前信托的设立和保险工具的使用等多种手段，以实现客户的财富传承目标。遗产规划不仅是财富的物质传承，还包括价值观、家庭文化和社会责任的传承。财富管理专家特别关注客户的精神遗产传承，通过设立家庭信托基金或慈善基金，将客户的价值观和社会责任传递给下一代，使财富得到合理分配和有效管理，同时培养一种持续发展的财富文化。

税务负担和法律风险是财富传承过程中不可忽视的两个主要挑战。税务优化是财富管理的重要内容，通过合理的税务规划，可以大幅减少遗产税、赠与税等税务负担，使更多的财富留在家族内部。财富管理专家根据客户的具体情况，运用设立信托、合理利用税收优惠政策和跨国税务规划等手段，帮助客户在合法的框架内最大限度地减少税务支出。法律风险是另一个需要特别关注的问题，财富管理专家提供全面的法律支持，确保遗产规划的合法性和有效性。这包括起草和审阅遗嘱、信托文件，提供法律咨询和支持，解决可能出现的法律纠纷，并关注婚姻财产分割和子女监护权等家庭法律问题。通过税务优化和法律支持，财富管理不仅能有效减轻客户在财富传承过程中的税务负担，还能确保遗产规划的合法性和有效性，使财富传承更加顺利和持续。

第二章　财富规划

第一节　个人财务分析与评估

一、个人财务的定义与重要性

（一）个人财务的基本概念

个人财务即个人或家庭在财务上的决策和管理，涵盖收入、支出、储蓄、投资、债务管理等多个方面。个人财务管理的核心目标在于通过合理的规划和管理，实现财富的积累、保值和增值，从而满足当前和未来的消费需求以及应对潜在的财务风险。个人财务管理不仅关乎个人或家庭的经济状况，还涉及生活质量和心理健康。

收入是个人或家庭通过工作、投资等途径获得的经济资源。无论是工资、奖金，还是股票红利、租金收入，都属于收入的范畴。收入是财务管理的基础，决定了可供支配的经济资源。为了实现财务目标，必须合理规划和管理收入，确保其能够满足日常开支和未来储蓄、投资的需要。

支出是个人或家庭日常生活中消费、储蓄及其他各类费用的支出。合理控制和规划支出是实现财务目标的重要环节。消费支出包括食品、衣物、交通、娱乐等日常生活费用，而储蓄和投资支出则是为了未来的财务需求。通过制定预算和监控支出，可以确保财务的流动性和稳定性，避免浪费和产生债务。

资产是指个人或家庭拥有的具有经济价值的资源，如现金、存款、房地产、股票等。资产的积累和管理是实现财务目标的核心，通过合理的资产配置，可以实现财富的保值和增值。资产的多样化投资可以分散风险，提高收益，使得财务状况更加健康和稳定。

负债是个人或家庭需要偿还的债务，如贷款、信用卡欠款等。合理管理负债是维护财务健康的重要方面。适度的负债可以提高财务杠杆，促进资产增值，但是过度的负债会增加财务风险，影响生活质量。因此，必须根据自身的经济状况和还款能力，合理借贷和管理债务。

个人财务管理不仅需要短期的规划，还需要长期的策略。短期规划主要关注日常的预算和消费控制，确保日常生活的财务流动性和稳定性。长期策略则涉及储蓄、投资和退休计划，目的是实现未来特定的财务目标，如购房、子女教育、退休生活等。不同的时间节点需要不同的规划和调整，以实现持续的财务健康。

（二）个人财务管理的重要性

个人财务管理直接关系到个人及家庭的经济健康与未来生活质量。通过有效的个人财务管理，能够实现收入与支出、储蓄与投资的合理配置，从而保障财务的稳定性与持续增长。具体来说，个人财务管理的重要性体现在以下几个方面。

首先，个人财务管理能够帮助个人和家庭设定合理的财务目标，制订科学的财务计划。通过对当前财务状况的全面分析，个人可以设定短期和长期的财务目标，如购房、子女教育、退休养老等。科学的财务计划不仅能够提供明确的方向和动力，还能在实现目标的过程中规避财务风险，确保财务目标的顺利达成。财务目标的设定和财务计划的制订，使得个人和家庭在经济管理上更具主动性和前瞻性，从而避免盲目消费和无计划储蓄。

其次，个人财务管理是风险管理的重要手段。在日常生活中，个体面临的财务风险种类繁多，包括意外支出、失业、疾病等。个人财务管理通过保险、紧急储蓄等手段，可以有效应对这些风险，降低其对个人和家庭生活的负面影响。此外，合理的投资组合和资产配置也能够分散投资风险，提高财务的安全性和收益率。通过科学的风险管理，个人和家庭能够在面对突发状况时依然保持经济上的稳定与安全。

最后，个人财务管理有助于优化资源配置，提高资金使用效率。在日常生活中，很多人由于缺乏科学的财务管理，往往会出现收入与支出不匹配、债务负担过重等问题。通过系统的个人财务管理，可以审视和优化各项支出，避免浪费，进而提高资金的使用效率。同时，合理的储蓄和投资策略也能够实现财富的增值和保值。优化的资源配置不仅能够提升当下的生活质量，还为未来的财务健康打下坚实的基础。

二、收入与支出分析

（一）收入的来源与分类

个人财务分析与评估的重要部分是收入的来源与分类。收入的来源主要包括工资性收入、投资性收入、转移性收入和财产性收入。工资性收入指的是个人通过劳动获取的报酬，通常包括工资、奖金、津贴等。投资性收入是指通过理财产品、股票、债券、基金等投资产品产生的收益。转移性收入主要包括政府补助、养老金、失业救济金等社会保障性收入。财产性收入是指通过出租房产、土地等资产获得的收益。

在进行收入分类时，还需要进一步细分各类收入的具体构成。例如，工资性收入可以分为基本工资、绩效奖金、加班费等，投资性收入可以分为利息收入、股息收入、资本利得等，转移性收入可以分为社会保险金、补助金、救济金等，财产性收入则可以分为租金收入、特许权使用费收入等。通过细化收入分类，可以更清晰地了解个人收入的构成及其稳定性，这为后续的财务规划提供重要参考依据。

收入的来源与分类分析不仅有助于了解收入的多样性和稳定性，还能帮助识别潜在的收入增长点。对于工资性收入，个人可以通过提升职业技能、追求职业晋升来增加收入；对于投资性收入，可以通过优化投资组合、分散投资风险来提升收益；对于转移性收入，可以通过了解和利用各类社会福利政策来增加收入；对于财产性收入，可以通过优化资产配置、提高资产利用效率来增加收入。

收入的来源与分类分析还有助于进行税务规划。不同类型的收入在税收政策上可能存在差异，通过合理规划收入结构，可以在合法合规的前提下，最大限度地减轻税务负担。例如，某些投资性收入可能享有税收优惠政策，而某些工资性收入可能需要缴纳较高的个人所得税。通过分析收入的来源与分类，可以为个人提供更为科学合理的税务规划建议。

（二）支出的类型与分类

在个人财务分析与评估中，支出的类型与分类至关重要。了解和管理支出能够帮助个人和家庭实现财务稳定和财富增长。支出可以分为固定支出和可变支出。固定支出是那些不可轻易改变的、每月或每年必须支付的费用，如房租、按揭贷款、保险费等。这些费用通常具有高度的稳定性和可预测性，占据了个人或家庭预算的一大部分。相较之下，可变支出则包括食品、服装、娱乐、交通等，与个人生活方式和消费习惯密切相关，具有较大的灵活性和波动性。

支出还可以按功能进行详细分类，包括基本生活支出、发展性支出和奢侈性支出。基本生活支出是维持基本生活所必需的费用，如食品、衣物、住房和医疗等。这类支出保障了个人和家庭的基本生存条件。发展性支出旨在提升个人或家庭生活质量和未来潜力，涵盖教育、培训、职业发展等方面的投资。奢侈性支出则远超基本生活需求，如高档娱乐、奢侈品和豪华旅游等，虽能提升生活品质，但并非不可或缺。

时间跨度是另一种分类支出的方式，分为短期支出和长期支出。短期支出是指在一个较短周期内必须支付的费用，如每个月的水电费和日常购物开销。长期支出指需要在较长时间内支付的费用，如房屋贷款和子女教育基金。这种分类有助于个人在进行财务规划时，更好地安排资金流动和储备，以应对不同时间节点上的财务需求。

在进行支出分析时，关注支出结构的合理性也非常重要。合理的支出结构应在满足基本生活需求的基础上，确保适当的储蓄和投资比例，避免过度消费和浪费。通过科学的支出分类和分析，个人和家庭可以更清晰地了解自己的消费习惯和财务状况，从而制订出更为有效的财务计划和预算方案。

（三）收入与支出的平衡分析

收入与支出的平衡分析是财富管理中的一个核心环节，其有效性直接影响个人财务健康和长期财务目标的实现。为了实现收入与支出的平衡，必须系统地审视收入来源和支出项目，通过科学的分析方法和工具，确保生活质量和财务稳定性之间的平衡。

详细记录和分类所有收入和支出项目是第一步。收入方面包括工资、奖金、投资收益、租金收入等，支出方面则涵盖生活必需品、娱乐消费、教育费用、医疗支出和贷款还款等。通过细致的记录和分类，可以清晰地了解每一项收入和支出的具体金额及其在整体财务中的比例。

利用财务分析工具对收入与支出进行动态监测和评估也是至关重要的。常用的工具包括预算表、现金流量表和资产负债表等。这些工具可以帮助个人定期审视自己的财务状况，发现潜在的问题，并及时调整支出策略。例如，预算表可以帮助个人设定合理的消费限额，而现金流量表则可以提供每个月的实际收入和支出情况。

通过对历史财务数据的分析，可以预测未来的收入与支出趋势，从而进行合理的财务规划。例如，如果历史数据显示某些时期支出较高，可以提前做好资金储备；如果预测未来收入增长，可以适当增加投资策略，以实现更高的财务回报。通过这种方式，个人可以更好地应对财务上的不确定性，实现收入与支出的长期平衡。

针对收入与支出平衡的长期维护，建议定期进行财务健康检查。这包括每年或每季度对收入与支出进行全面的审计和评估，确保实际的财务状况与预期规划相符。如果发现不平衡的情况，就应及时调整财务计划，优化支出结构，增加收入来源，从而实现财务的持续稳健增长。

三、资产与负债评估

（一）资产的分类与评估

在财富管理中，资产分类与评估不仅是制定有效财富管理策略的基础，还是实现财富增值和风险控制的关键。资产可以根据其流动性、盈利性和风险性等特征进行分类。流动性资产包括现金、银行存款和短期证券等，这类资产具有高流动性和较低的风险。非流动性资产包括房地产、长期投资和固定资产等，这类资产流动性较低但可能带来较高的回报。准确地评估这些资产的价值，需要结合市场行情、资产状况及其预期收益等因素。

流动性资产的评估通常可以通过市场价格和账面价值进行衡量。例如，现金和银行存款的评估相对简单，可以直接依据账面余额。短期证券则需要参考当前市场价格，并考虑其到期日和利率等因素。非流动性资产的评估则相对复杂，可能需要借助专业评估机构。例如，房地产评估不仅需要考虑市场价格，还需评估房产的地理位置、使用年限、维护状况等多方面因素。

资产的评估还需要考虑其未来的现金流和潜在的增值空间。对于长期投资如股票和债券，需要分析相关公司的财务状况、行业前景以及宏观经济环境等因素。固定资产如设备和机器，则需要考虑其使用周期、折旧率以及维护成本等。通过综合分析这些因素，可以更准确地评估资产的实际价值，为财富管理决策提供有力支持。

资产评估应当动态进行，定期根据市场变化和资产状况进行调整。市场行情瞬息万变，某些资产的价值可能会快速波动。定期重新评估资产，可以帮助财富管理者及时调整投资组合，优化资产配置，最大限度地实现财富增值和风险控制。

（二）负债的类型与管理

负债在个人财务中扮演着重要角色，它既可以是财务杠杆的工具，也可能成为财务压力的来源。负债按性质可以分为良性负债和恶性负债。良性负债通常用于投资、教育等能够产生未来收益或增值的领域，而恶性负债则多用于消费，较难带来未来的财务回报，甚至可能导致财务困境。因此，了解负债的类型及其管理方法是进行有效财富规划的重要环节。

负债通常可以分为短期负债和长期负债。短期负债是指在一年内需要偿还的债务，如信用卡账单、短期贷款等。由于短期负债的偿还期限较短，利率也较高，因此需要特别注意管理，避免因逾期而导致的高额罚金和信用损失。长期负债则是指偿还期在一年以上的债务，如住房贷款、教育贷款等。长期负债的利率相对较低，偿还压力较小，但总额较大，需要进行长期的财务规划和管理。

负债管理的核心在于控制和优化负债结构。合理的负债结构应当符合个人或家庭的财务状况和未来规划。例如，年轻人可以适当增加良性负债，如教育贷款或创业贷款，以提升自身的竞争力和未来的收入水平；而中年人则应逐步减少负债，尤其是恶性负债，确保财务安全和稳定。对于已负有大量债务的人群，应当制订详细的还款计划，优先偿还高利率的债务，减少利息支出，逐步优化负债结构。

信用记录的维护是负债管理中不可忽视的一部分。良好的信用记录不仅能提高贷款的审批率，还能获得更低的贷款利率，从而降低财务成本。为此，需按时偿还贷款，不要轻易逾期。同时，合理利用信用卡，避免超额消费，保持适度的信用卡使用率也是维护良好信用记录的重要措施。

在财富管理中，负债的管理不仅仅是对现有债务的控制和偿还，更重要的是对未来负债的规划和预防。通过科学的财务管理和合理的负债规划，可以有效降低财务风险，提高财务稳定性，为实现长期的财富增长奠定坚实的基础。

（三）资产负债表的编制

资产负债表是个人财富管理中的核心工具，通过系统地列示个人或家庭的资产与负债情况，资产负债表能够全面反映财务健康状况。编制资产负债表需要将所有的资产与负债进行分类和量化，从而得出净资产值。资产通常分为流动资产和非流动资产两大类，而负债则分为短期负债和长期负债。流动资产包括现金及现金等价物、短期投资、应收款项等，非流动资产则包括房地产、车辆、长期投资等。短期负债指的是一年内需要偿还的债务，如信用卡欠款、短期贷款等；长期负债则是指偿还期限超过一年的债务，如房屋贷款、长期借款等。

收集和整理所有相关的财务数据是编制资产负债表的第一步。这包括银行对账单、投资账户明细、贷款合同、信用卡账单等。通过准确记录每一项资产和负债的当前市值，确保数据的准确性和时效性。根据不同资产和负债的性质，将其归到相应的分类中。例如，将持有的股票和基金归为投资资产，将房屋贷款归为长期负债。对于一些难以准确估价的资产，如收藏品或古董，可以根据市场参考价进行合理估值。

资产负债表不仅是一个静态的财务快照，更是动态财务规划的重要工具。通过定期更新资产负债表，个人或家庭可以及时了解财务状况的变化，识别潜在的财务风险和机会。如果发现短期负债过高，则需要制订相应的还债计划，避免因负债过多而引发的财务危机。同时，通过资产负债表的分析，可以发现资产配置是否合理，是否需要调整投资策略以优化收益和风险。

编制资产负债表不仅需要财务数据的准确性，更需要对财务状况有深入的了解和分析能力。通过对资产负债表的深入分析，可以为个人或家庭的财富管理提供科学依据，帮助其实现财务目标。资产负债表的编制不仅是财务管理的基础，更是实现财务自由的重要一步。系统性和定期性的资产负债表编制和分析，可以为财务健康提供持续性的保障和指导，助力个人和家庭在复杂的财务环境中作出明智的决策。

四、个人财务状况的综合评价

（一）个人净资产的计算

个人净资产的计算是评估一个人财务健康状况的核心步骤。净资产是指个人所有资产减去所有负债后的净值，这一数值能直观地反映出个人的财务实力。

在计算个人净资产时，需要对个人的资产与负债进行详细清点和分类。资产包括现金、银行存款、投资资产（如股票、债券、基金）、不动产（如住宅、土地）和其他有价值的物品（如珠宝、艺术品）。负债则包括各种形式的债务，如房贷、车贷、信用卡欠款、个人贷款等。

准确评估各类资产的市场价值十分关键。例如，不动产的市场价值需要参考当前的市场行情，而投资资产的价值则应根据最新的市价来计算。此外，还需要注意一些隐藏的资产和负债，如未结算的税款、未来可能的诉讼费用等，这些都可能对净资产的计算产生影响。

个人净资产计算不仅仅是为了获取一个静态的财务数值，更重要的是通过这一数值来分析个人财务结构的合理性。一个健康的财务结构通常表现为资产大于负债，且具有一定的流动性，即拥有足够的现金或可快速变现的资产来应对突发的财务需求。负债过高可能会导致财务压力过大，影响生活质量和未来的财务规划。

通过净资产计算，个人可以更清晰地了解自身财务状况，进而作出合理的财富规划和管理决策。定期计算和跟踪净资产的变化，有助于个人了解财务状况的趋势，从而及时调整财务策略。例如，如果净资产持续增长，说明财务管理较为成功，可以适当增加投资；如果净资产下降，则需要查明原因，可能是支出过大或投资失利，进而采取相应的措施来改善财务状况。

（二）财务比率分析

财务比率分析是个人财务状况综合评价中不可或缺的一部分。这一分析方法通过对个人财务报表中的各项数据进行比率计算，从而揭示出个人财务健康状况的各个方面。常用的财务比率包括流动比率、负债比率、储蓄率和投资回报率等。这些比率不仅可以帮助个人了解自身的财务状况，还可以为未来的财务决策提供科学依据。

流动比率是衡量个人短期偿债能力的重要指标，其计算公式为流动资产除以流动负债。高流动比率表明个人具有较强的短期偿债能力，财务状况较为稳健。相反，低流动比率预示个人可能面临短期偿债压力，需要及时调整财务结构以降低风险。通过计算流动比率，个人可以更清晰地了解自己在短期内应对负债的能力，从而进行更有针对性的财务规划。

负债比率反映了个人资产中负债所占的比例，其计算公式为总负债除以总资产。该比率能够揭示个人的负债水平和财务杠杆使用情况。较高的负债比率可能意味着个人财务风险较高，偿债压力较大。较低的负债比率则表明个人财务状况较为稳健，风险较低，但也可能显示出利用财务杠杆的程度不足。通过分析负债比率，个人可以评估自身的负债情况，合理地调整负债结构，降低财务风险。

储蓄率是衡量个人储蓄能力的重要指标，其计算公式为个人储蓄除以个人可支配收入。高储蓄率表明个人具有较强的储蓄能力和较好的财务规划习惯，有助于积累财富和应对突发事件。低储蓄率可能表明个人消费过度，储蓄能力不足，需要在消费和储蓄之间找到平衡点。通过计算储蓄率，个人可以评估自己的储蓄状况，改善财务行为，确保未来财务的稳定性。

投资回报率是衡量个人投资绩效的重要指标，其计算公式为投资收益除以投资本金。该比率能够反映个人投资的收益水平和投资决策的有效性。较高的投资回报率表明个人投资决策较为成功，投资收益较高。较低的投资回报率可能提示个人需要优化投资策略，提高投资回报。通过分析投资回报率，个人可以评估自己的投资绩效，调整投资组合，提高投资收益。

（三）综合财务状况的评估

综合财务状况的评估是财富管理过程中一个至关重要的环节。通过这一评估，财富管理专家能够为客户提供个性化的财务建议和优化方案，帮助客户实现长期的财务目标和财富增值。以下是综合财务状况评估的详细内容。

综合财务状况的评估需要全面收集和整理客户的财务数据。这包括客户的资产负债表、收入支出明细、现金流量表等各种财务报表。通过对这些数据的详细分析，可以了解客户目前的财务健康状况，如资产负债比率、流动性比率、负债承受能力等关键财务指标。这些指标能够反映出客户当前的财务稳定性和潜在的财务风险。通过这些分析，能够帮助客户发现财务管理中的潜在问题，并寻找解决方案。

评估过程中还需要结合客户的财务目标和风险偏好进行分析。客户的财务目标可能包括退休规划、子女教育基金、购房计划等，这些目标的实现需要有相应的财务规划和资金积累。通过了解客户的风险偏好，可以制订出适合客户的投资组合和理财方案，从而在满足客户财务目标的同时，最大限度地降低投资风险。个性化的投资组合能够在不同市场环境下为客户提供稳定的回报。

综合财务状况的评估也需要考虑外部经济环境和市场变化的影响。宏观经济环境、利率水平、通货膨胀率等因素都会对客户的财务状况产生重要影响。通过对这些外部因素的分析，可以及时调整财务规划和投资策略，确保客户的财务计划能够顺利进行并实现预期目标。动态调整策略是确保财务计划与市场环境相适应的关键。

第二节 目标设定与财务规划

一、目标设定的基本原则

（一）SMART原则

目标设定是任何成功计划的重要组成部分，而SMART原则在这一过程中提供了一个明确且有效的框架。SMART代表了具体性（Specific）、可测量性（Measurable）、可实现性（Achievable）、相关性（Relevant）和时限性（Time-bound），这五个方面共同确保目标的明确性和可操作性。

具体性要求目标必须清晰明确，没有歧义。一个具体的目标可以回答五个"W"问题。什么（What）：要实现的目标是什么？为什么（Why）：要实现这个目标的理由是什么？谁（Who）：涉及哪些人或群体？哪里（Where）：目标发生的地点在哪里？何时（When）：目标实现的时间框架是什么？通过回答这些问题，可以确保目标具体而明确，使得目标更易于理解和执行。例如，"在一年内储蓄50000元用于购房首付款"就是一个具体的目标。

可测量性是指目标应当是可以评估和衡量的。只有那些能够量化的目标，才能通过具体的数据和指标来追踪进展和评估结果。可测量的目标有助于在实现目标的过程中进行持续监控和调整。例如，如果目标是提高销售业绩，一个可测量的目标可以是"在下一季度将销售额增加20%"，这样可以通过具体的数额来评估是否达成了目标。

可实现性强调目标应当是现实可行的。设定目标时，需要考虑实际的条件和资源，避免设定过于宏大的目标而导致难以实现。一个可实现的目标不仅激励人们去努力达成，而且避免了因为目标过高而带来的挫败感。一个合理目标的例子是"在两年内完成职业资格证书的学习和考试"，这种目标需要根据个人的时间和学习能力进行规划。

相关性要求目标必须与个人或组织的整体战略和长远规划相一致。设定目标时，需要确保目标与长期的愿景和使命相关联，而不是脱离实际情况的独立目标。相关性的目标可以确保个人或组织的资源和精力集中在最重要的事情上，从而提高效率和效果。例如，对于一个希望提升市场份额的公司，一个相关的目标可以是“在三年内将市场占有率提高到10%”。

时限性是指目标应当有明确的时间框架。没有时间限制的目标往往容易被拖延，从而影响最终的实现。设定一个明确的截止日期有助于激励人们采取行动，并在规定的时间内完成目标。例如，“在六个月内完成新产品的开发和上市”就是一个具有时限性的目标，有助于规划和执行具体的行动步骤。

（二）财务目标的可行性分析

财务目标的可行性分析在财富管理过程中占据重要位置。分析的核心任务是评估财务目标是否现实和可行。这需要综合考量客户当前的财务状况、收入水平、支出模式以及未来的现金流预期。通过对这些因素的详细审视，可以判断目标的实现可能性，并为其制定合适的策略。一个可行的目标不仅要符合客户的财务能力，还应具备合理的时间框架，以确保其在实际操作中能够被有效地执行和实现。

外部环境的影响因素是财务目标可行性分析中不可忽视的部分。经济周期、市场波动、利率变化和通货膨胀等因素可能直接或间接地影响客户的财务状况和目标实现的可能性。财富管理专家需要运用科学的模型和工具，进行情景分析和压力测试，评估在不同市场情景下，财务目标的可行性。这种分析不仅能提高目标设定的准确性，还能帮助客户在不同的经济环境中保持财务健康。

客户的风险承受能力和风险偏好也是财务目标可行性分析的重要方面。财务目标的实现往往伴随着一定的风险，而不同客户对风险的承受程度各不相同。通过了解客户的风险偏好，财富管理专家可以制定出更符合客户心理预期和财务实际的目标。这样的目标不仅更具可行性，而且更能获得客户的认可和信任，从而提高财富管理方案的整体有效性和客户满意度。

二、财务目标的分类与优先级

（一）短期目标与长期目标

财务目标的设定是财富管理中至关重要的一环，它决定了资源分配的方向和优先级。在财务规划中，目标通常被分为短期和长期两类。短期目标一般是指在一年以内需要实现的具体财务目标。这类目标通常包括应急储备、短期债务的偿还、购买日常消费品等。实现短期目标往往需要较高的流动性和低风险的投资工具，如储蓄账户、货币市场基金等。这些工具的特点是资金能够快速变现，且风险较低，适于满足短期内的现金需求。

长期目标则是指时间跨度较长，通常在五年以上的财务目标。这类目标包括子女教育基金、退休储备、购房资金等。由于时间较长，长期目标允许投资者在承受一定风险的情况下追求更高的收益，因此适合使用股票、债券、房地产等中长期投资工具。长期目标的设定还需考虑通货膨胀的影响，以确保未来购买力的实际增长。例如，投资者在设定退休储备目标时，需考虑未来生活成本的上升，从而制订更为准确的储蓄和投资计划。

在设定财务目标时，优先级的排序也至关重要。短期目标通常具有更高的优先级，因为它们关系到日常财务的稳定性和流动性。应急储备是最常见的短期目标之一，通常建议储备三～六个月的生活开支，以应对突发事件。通过优先实现这些短期目标，可以为个人或家庭提供财务保障，避免因突发事件导致的经济困境，从而进一步实现长期目标。

短期目标与长期目标之间并非完全独立，而是有机联系在一起的。在实现短期目标的过程中，可以为长期目标的实现奠定基础。例如，建立稳定的应急储备可以减少对长期投资的干预，从而更好地实现长期财务目标。通过合理的目标分类与优先级设定，可以在不同时间段内灵活调整资源分配，确保财务规划的整体性和可持续性。短期和长期目标的合理设定和管理，不仅能够提高财务资源的使用效率，还能为未来的财务自由和稳定打下坚实的基础。

（二）个人目标与家庭目标

在财富管理中，个人目标与家庭目标发挥着关键作用。个人目标通常涵盖职业发展、教育进修、健康保障以及退休规划等方面。这些目标的设定需要仔细考虑个人的兴趣、能力和长远发展方向。职业发展目标旨在确保个人在工作领域不断提升，从而获得更高的收入和职业成就感。通过设定明确的职业发展路径，个人可以更有针对性地提升技能和积累经验，最终实现职业上的长足进步。教育进修目标则是通过持续学习和自我提升，增强个人竞争力和知识储备，以适应不断变化的市场需求。无论是通过正式的学位课程还是专业认证，持续的教育进修都能为个人提供更多的职业机会和发展可能。健康保障目标注重通过合理的健康管理和保险安排，降低健康风险对财务的冲击。合理的健康管理包括定期体检、健康生活方式以及适当的健康保险安排，可以有效减少健康问题对个人财务的影响。最终，退休规划目标是确保个人在退休后拥有足够的财务资源，维持生活品质和实现退休后的梦想。通过及早储蓄和投资，个人可以建立足够的退休资金储备，从而在退休后享受无忧的生活。

家庭目标更加关注家庭成员的整体幸福和共同发展。这些目标包括子女教育、住房安排、家庭医疗保障以及家庭财富传承等。子女教育目标强调为子女提供优质教育资源，确保他们拥有良好的成长环境和发展机会。通过合理的教育投资，家长可以为子女创造更好的未来。住房安排目标则是通过合理的购房和贷款规划，为家庭提供稳定的居住环境。通过详细的财务规划和合理的购房决策，家庭可以拥有一个温馨、舒适的居住环境。家庭医疗保障目标旨在为家庭成员提供全面的健康保障，避免因疾病或意外导致的财务压力。通过适当的医疗保险和健康管理，家庭可以有效降低医疗费用的风险。家庭财富传承目标关注如何通过合理的财富传承规划，确保家庭财富的安全和有效传递，保障后代的财务稳定。通过设立信托、遗嘱等工具，家庭可以实现财富的有序传承，维护家庭财务的长期稳定。

在实际财富管理中，个人目标和家庭目标往往需要综合考虑和协调。个人目标的实现可能需要家庭的支持，而家庭目标的达成也离不开个人的努力。因此，财富管理专家在进行财务规划时，需要综合评估个人和家庭的整体需求，合理分配资源，确保个人和家庭目标的协同推进。

（三）目标的优先级排序

在财富管理过程中，设定财务目标是至关重要的，而对这些目标进行优先级排序更是关键。不同的财务目标可能有不同的时间要求、金额需求以及实现难度，因此需要进行科学合理的排序。这样可以帮助投资者在资源有限的情况下，更有效地利用资金，达成最重要的财务目标。优先级排序通常依据目标的重要性、时间的紧迫性以及实现的可能性来进行。

目标的重要性是优先级排序的首要考虑因素。财务目标的重要性可以根据其对个人生活的影响来评估。例如，保障家庭生活的基本开支、子女教育基金和退休储蓄等目标通常被视为最重要的，因为它们直接影响到个人及家庭的生活质量。这些基本的生活需求通常会被排在优先级的最前面，以确保在任何财务状况下都能得到满足。

时间的紧迫性也是一个关键因素。短期目标，如一年内需要完成的购房首付款，通常会被排在较高的优先级，这样可以确保在短时间内筹集到足够的资金。而长期目标，如退休储蓄，虽然同样重要，但由于实现时间较长，可以在短期目标完成后再重点关注。这种时间上的分层管理，可以帮助投资者合理安排资金流动，避免因短期资金紧张而影响长期目标的实现。

实现目标的可能性也需要综合考虑。有些目标可能非常重要，但实现难度较大，比如在短时间内积累大量的财富用以投资创业。这时需要评估实现这些目标的可行性，并可能需要调整目标或者制订更为详细的计划来逐步实现。在优先级排序中，这类目标通常会被放在次要位置，确保先实现那些更为切实可行的目标。

三、目标达成的时间规划

（一）目标实现的时间表

在财富规划中，制订目标实现的时间表不仅为每个阶段的目标提供了明确的时间框架，还确保了财务计划的有序推进，避免因时间管理不善而引发的财务压力或失误。一个科学合理的时间表能够帮助投资者厘清思路，分清轻重缓急，从而更有效地达成各种财务目标。

明确短期、中期和长期目标的时间节点是制订时间表的首要任务。短期目标通常是指一年以内可以实现的目标，如年度储蓄计划、短期债务清偿等。这些目标往往相对简单，且对现金流要求较低。中期目标则是指一～五年内需要达成的目标，如购置房产、为子女积累教育基金等。长期目标则是五年以上的规划，包括退休计划、长期投资收益等。这种分阶段的时间规划，使得每个时间段的财务管理更具针对性和可操作性，有助于系统性地推进财富管理进程。

目标实现的时间表必须具备一定的灵活性，以应对不可预见的变化和突发事件。市场环境的变化、个人或家庭的重大变故等都可能影响原有计划的执行。因此，在制订时间表时，预留一定的缓冲时间和调整空间非常必要。比如，投资市场的波动可能导致某些投资目标的实现时间延后，提前设定应急预案可以有效降低风险，确保财务计划不至于因突发事件而完全脱轨。

时间表的制订还需结合个人或家庭的现金流状况及未来预期收入进行综合考虑。在不同的时间段内，现金流的情况可能会有显著差异，合理的时间规划应当在保证日常生活质量的前提下，实现财务目标的最大化。定期对时间表进行回顾和调整，确保其与实际情况相符，是实现财富管理目标的关键步骤之一。通过不断地调整和优化，投资者可以最大限度地利用现有资源，实现财富增值。

（二）时间规划的关键点

时间规划在财富管理中具有至关重要的作用。合理的时间规划不仅能够帮助投资者明确财富目标的实现路径，还能够有效降低风险，提高投资收益率。

明确目标时间框架是时间规划的基础。在进行财务规划时，需要根据个人或家庭的不同需求，设定短期、中期和长期目标。短期目标通常涉及一年以内的财务需求，如紧急基金和短期投资；中期目标则涵盖一～五年的计划，如购房或子女教育基金；长期目标则集中在五年以上，如退休规划和遗产管理。明确这些时间框架，有助于制定相应的投资策略和风险管理措施。

时间规划需要考虑资金的流动性和安全性。短期目标需要高流动性和低风险的资产，如现金、货币市场基金和短期债券。中长期目标则可以考虑风险较高但收益潜力更大的投资工具，如股票、基金和房地产等。通过合理配置不同期限的资产，投资者可以在保证资金流动性的同时，追求更高的投资回报。

时间规划还应关注市场周期和经济环境的变化。不同的市场周期会对各种投资工具的表现产生不同的影响。了解和把握经济周期，调整投资组合，可以有效提高投资收益，降低风险。例如，在经济上升周期，可以增加股票和高收益债券的比例；而在经济衰退周期，则应增加现金和政府债券的配置。

时间规划需要定期回顾和调整。随着时间的推移，个人或家庭的财务状况、市场环境以及投资目标可能会发生变化。因此，定期回顾和调整时间规划，确保其与当前的实际情况相符，是实现财富目标的重要保障。定期评估投资组合的表现，调整资产配置，可以有效应对市场波动和个人财务状况的变化。

四、财务规划的流程与步骤

（一）财务规划的基本流程

财务规划是财富管理的核心环节，旨在帮助个人和家庭实现财务目标，降低风险，优化资源配置。其基本流程包括明确财务目标、全面评估财务状况、制订财务计划和策略，以及实施和监控财务计划。以下是对这些步骤的详细描述。

明确财务目标是财务规划的起点，帮助个人和家庭设定清晰的方向。这些目标可以是短期的应急储备、中期的购房计划、长期的退休储备以及子女教育基金等。每个目标应具体、可衡量，并根据个人或家庭的独特情况进行调整。明确的目标有助于制定具体的规划策略，使财务规划具有针对性和指导性。

进行财务状况的全面评估是财务规划中的关键步骤。这一步骤涉及收集和分析现有的财务信息，包括收入、支出、资产和负债等。通过详细的财务评估，可以了解当前的财务健康状况，并识别潜在的问题和机会。这一过程通常需要使用财务报表和预算工具，以确保信息的准确性和全面性，帮助决策者作出明智的选择。

制订财务计划和策略是财务规划流程中的核心环节。根据评估结果和既定目标，制订出一系列具体的行动方案。这些方案可能包括投资策略、储蓄计划、风险管理措施、税务规划等。制定策略时应综合考虑风险承受能力、时间期限和市场环境等因素，以确保规划的可行性和有效性。每个策略都应具有灵活性，以便在必要时进行调整。

实施和监控财务计划是确保财务规划成功的关键。实施阶段需要根据制定的策略执行具体的财务活动，如投资、储蓄和保险购买等。在此过程中，定期监控和评估财务计划的执行效果至关重要。通过定期的回顾和调整，可以及时应对市场变化和个人情况的变化，确保财务规划始终朝着既定目标前进。持续的监控和调整使财务规划成为一个动态的管理过程，而不是静态的计划。

（二）财务规划的实施步骤

财务规划的实施是一个复杂且细致的过程，旨在将前期规划转化为实际行动，从而实现预期的财务目标。为了确保财务规划的顺利实施，需要经过几个关键步骤。

在财务规划的初期阶段，进行详细的财务诊断和分析是至关重要的。这一步骤包括对现有的财务状况进行全面评估，如资产负债情况、收入支出情况以及现金流量等。通过对这些数据的细致分析，可以识别财务上的优势和不足，进而为后续的规划提供科学依据。这一过程需要详尽的数据收集和分析，以确保规划的基础扎实可靠。

制订具体的财务计划是财务规划的核心环节。根据前期的诊断结果，确定明确的财务目标，并设计相应的策略和措施。例如，为了实现财富增值，可以设置投资组合并选择适合的投资产品；为了保障家庭财务安全，可以购买适当的保险产品。在制订计划时，需要充分考虑个人或家庭的风险承受能力和流动性需求，以确保计划的可行性和灵活性。这一环节需要综合考虑多方面因素，以制订出科学合理的财务计划。

执行和监控财务计划是确保规划顺利实施的重要步骤。在执行阶段，需要严格按照既定的策略和步骤进行，包括定期投资、储蓄、保险缴费等。同时，建立一套有效的监控机制，对计划执行情况进行持续跟踪。通过定期审查和评估，可以及时发现偏差并进行必要的调整。这样可以确保财务计划始终处于预定轨道上，避免出现重大偏差或风险。

财务规划需要定期评估和调整，以适应不断变化的经济环境和个人情况。定期评估财务状况和目标的实现情况，是确保财务规划有效性的关键。检查是否需要修改资产配置、调整支出计划或改变投资策略，通过这些动态调整，使财务规划更加贴近实际需求。这一过程是财务规划的持续改进环节，确保长期财务目标的实现。

（三）财务规划的监控与调整

财务规划的监控与调整是财富管理过程中的关键环节，确保财务目标得以实现并适应不断变化的经济环境和个人状况。这个过程需要财富管理专家与客户保持紧密沟通，及时获取必要的财务数据并进行深入分析。

对投资组合表现的持续追踪是财务规划监控的核心内容之一。需要定期对客户的投资组合进行评估，确保其配置与风险承受能力、投资目标相一致。特别是在市场波动较大时，财富管理专家可能需要重新评估资产配置，及时调整投资组合的成分，以避免过度风险或错失投资机会。

支出与收入的定期审查也是监控过程中的重要环节。这包括对客户日常生活中的收入和支出进行详细审查，确保其财务状况稳定，并及时发现并解决可能出现的问题。定期的财务报告和绩效评估帮助客户了解其投资组合的具体表现，发现潜在问题并作出相应调整。

对外部经济环境变化的动态反应也是财务规划监控的重要方面。全球经济环境的变化，如利率波动、通货膨胀等，需要在财务规划中予以考虑，及时调整投资策略。这不仅能帮助客户在复杂的经济环境中保持稳定，还能抓住新的投资机会，提升财富管理的效果。

调整是财务规划的灵活性体现，确保规划能够与客户的实际需求和市场变化同步。例如，客户可能在职业生涯中期需要增加教育支出或准备退休金，这些都需要在财务规划中进行适当调整。通过这种方式，财务规划能够更好地服务于客户的实际生活需求和长期财务目标。

第三节　税务规划与遗产规划

一、税务规划的基本原则

（一）税务规划的定义

税务规划是指通过合法的手段和方法，合理安排个人或企业的财务活动，以达到减轻税负、延缓纳税时间、优化税收结构的目的。税务规划不仅关注税务成本的降低，还通过税务管理的优化，实现财务资源的最大化利用。其核心在于在遵守法律法规的前提下，运用各类税收政策、税收优惠和税收筹划工具，制订出最优的税务安排方案。

税务规划不仅局限于减税避税，还包括税务风险管理和税务合规管理。税务风险管理旨在识别、评估和控制税务相关的各种风险，确保企业和个人在税务事务中的合法性和合规性。税务合规管理则是确保财务活动和税务处理符合当前的税收法律和法规，避免因不合规操作而带来的罚款和法律风险。

在现代财富管理中，税务规划扮演着至关重要的角色。它不仅帮助高净值个人和企业合理避免不必要的税务负担，还可以通过合理的税务安排，达到财富保值增值的目的。通过科学的税务规划，个人和企业可以在税务支出方面进行有效控制，从而实现财务目标的最大化。

税务规划的重要任务之一是通过合理的税收筹划，最大限度地利用税收政策和税收优惠。不同国家和地区的税收政策各异，税务规划需要根据具体的税收环境，选择最合适的税收策略。这不仅需要对税法有深入的理解，还需要对财务管理和投资策略有全面的认识，以确保税务规划的有效性和可持续性。

（二）税务规划的基本方法

税务规划作为财富管理的重要组成部分，通过合理的税务安排，可以有效地减轻税务负担，提升个人和企业的净收益。税务规划的基本方法主要包括税务递延、税率优化和税基转移等。这些方法不仅适用于个人，也适用于企业和其他组织。

税务递延是指通过合法的税务安排，将当前应纳税款推迟到未来纳税。个人可以通过设立退休账户，将部分收入延迟到退休后提取，从而利用退休后较低的税率降低整体税负。例如，美国的401（k）和IRA账户允许个人在退休时以较低的税率提取资金。企业也可以通过投资折旧、研发费用税收抵免等手段，推迟纳税时间，优化现金流。例如，企业购买大型设备可以利用折旧政策，在未来几年内逐步抵扣税款，从而推迟纳税时间，提高当前的现金流。

税率优化指通过选择不同的收入来源和投资工具，利用不同收入类型的税率差异，降低整体税负。资本利得税率通常低于普通所得税率，因此投资者可以通过持有股票、基金等资本性资产，享受较低的税率。例如，在美国，长期资本利得税率通常比短期资本利得税率和普通所得税率低。不同地区的税率也有所不同，通过合理安排收入分配，可以有效降低税务成本。例如，某些国家或地区对特定类型的收入提供税收优惠，个人和企业可以利用这些优惠政策减轻税负。

税基转移是通过合法手段，将应税收入从高税率地区转移到低税率地区，以减轻税务负担。个人可以利用海外信托、离岸公司等结构，将部分资产转移到税率较低的国家或地区。例如，将资产放置在开曼群岛、瑞士等税率较低的国家，可以降低整体税务成本。企业则可以通过国际税务筹划，将利润从高税率国家转移到低税率国家，从而减轻整体税负。例如，跨国公司通过内部定价、利润分配等手段，将利润转移到税率较低的子公司所在地。这种方法需要严格遵守各国税务法规，并考虑潜在的法律和合规风险。

二、遗产规划的核心概念

（一）遗产规划的定义

遗产规划是一项系统性、全面性的财务管理过程，其核心目的是确保个人在去世后，财产能够按照自己的意愿有效地进行分配和传承。这个过程不仅涉及遗嘱的设立，还包括信托的设置、受益人的指定、遗产税的最优化策略等多方面的内容。通过遗产规划，个人能够实现税务负担的减轻、财产的有效分配以及家族财富的长期稳健传承。

遗产规划不仅是关于如何分配财产的问题，更是一个涉及法律、税务、财务等多领域的综合性规划。一个完善的遗产规划应考虑到各种潜在的法律风险和税务负担，通过合理的法律文件和财务安排，确保财产在传承过程中的合法性和合规性。同时，遗产规划还应当包括对家庭成员的财务保护措施，如为未成年子女、残疾家庭成员设立信托基金等。

在遗产规划中，税务筹划占据了非常重要的地位。遗产税、赠与税等税务负担是许多人在遗产规划中最为关注的问题。通过合法的税务筹划手段，如合理利用免税额度、设立信托、赠与等，可以有效地减轻遗产税负担，确保更多的财产能够传承给继承人。此外，遗产规划还需要考虑到财产的流动性和安全性，确保在传承过程中不会因为税务、法律等问题而导致财产的损失。

（二）遗产规划的基本内容

遗产规划的主要目的是确保财富在代际间的顺利传承，并最大限度地减轻税务负担和减少法律纠纷。遗产规划的基本内容涵盖多个方面，包括遗嘱的设立、信托的安排、受益人的指定和税务筹划等。这些内容不仅关乎财产的分配，还涉及家庭成员的未来生活保障和企业的持续经营。

设立遗嘱是遗产规划的基础环节。遗嘱是一份法律文件，明确表明遗产所有者在去世后，其资产应如何分配。通过遗嘱，遗产所有者可以指定受益人，确定遗产分配的具体方式和比例，避免因无遗嘱而导致的法定继承纠纷。遗嘱还可以包含特定条件，如某些资产在受益人达到一定年龄或特定条件下才可获得，从而确保资产的合理使用和传承。

信托的安排是遗产规划中常用的工具之一。信托是一种法律关系，财产所有者将其资产转移给受托人管理，并按照信托文件的规定将收益分配给指定的受益人。信托可以有效地保护资产，避免因受益人的债务或婚姻变故而导致财产的流失。信托还可以提供税务筹划的便利，通过合理的结构设计，减轻遗产税和其他相关税务负担。

受益人的指定是遗产规划中的重要步骤。在设立遗嘱和信托时，遗产所有者需要明确受益人及其应得的份额。受益人的指定应考虑家庭成员的具体情况，如未成年子女、配偶、父母等，确保每个家庭成员在未来生活中得到必要的经济支持。特别是在家族企业的继承问题上，受益人的选择和安排对企业的持续经营和发展至关重要。

三、遗产分配方案设计

（一）遗产分配的基本原则

遗产分配方案设计是财富管理中的一个重要环节，其核心在于确保被继承人的遗产能够按照其意愿合理、公正地分配给相应继承人。遗产分配的基本原则之一是合法性原则。该原则强调，遗产分配必须严格遵守国家相关法律法规，确保分配方案在法律框架内进行，避免因违法操作而产生的法律纠纷。合法性原则不仅是确保遗产分配顺利进行的基础，也是保护继承人合法权益的关键。遵循法律法规可以最大限度地减少遗产纠纷，确保遗产分配的合法性和有效性。

公平性原则是遗产分配的另一重要原则。公平性原则要求遗产分配应当充分考虑各继承人的实际情况及其对被继承人的贡献，避免因分配不均而引发继承人之间的矛盾和争端。具体而言，遗产分配应当综合考量继承人的经济状况、生活需求、健康状况等因素，做到公平、公正、公开。公平性原则的实施不仅可以确保分配结果的合理性，还能尽可能达成各方满意的结果，维护家庭和谐与团结。

透明性原则同样是遗产分配中不可忽视的原则。透明性原则要求在遗产分配过程中，各项操作和决定都应当公开透明，并且需要继承人之间保持良好的沟通。通过透明公开的分配流程，能够有效减少继承人之间的误解和猜疑，增强彼此之间的信任，从而有助于遗产分配方案的顺利实施。透明性不仅有助于提高遗产分配过程的公信力，也能在很大程度上避免争议和摩擦。

尊重被继承人意愿原则是遗产分配的核心原则。被继承人的意愿在遗产分配中应当得到充分尊重和体现。遗产分配方案的设计应当以被继承人的遗嘱或生前明确表示的意愿为依据，确保遗产能够按照其意愿进行分配。这不仅是对被继承人意愿的尊重，也是对其生前劳动成果和个人财富的尊重，从而体现出遗产分配的伦理和道德价值。尊重被继承人意愿原则是确保遗产分配公正性的关键，也是实现被继承人最后愿望的重要保障。

（二）遗产分配方案的设计步骤

遗产分配方案的设计步骤不仅关系财富的传承，还涉及家庭成员之间的和谐关系。通过详细的规划和实施，可以确保遗产在合法、合理的情况下分配给继承人。

编制遗产清单是设计遗产分配方案的基础。这一步骤需要对所有资产和负债进行详细记录，包括房地产、金融资产、公司股权、艺术品、收藏品和债务等。详细列明每项资产的具体情况，如性质、数量、位置和价值等信息，有助于后续的评估和分配。此外，清单的准确性和全面性对于确保分配的公正性和透明性至关重要。

遗产价值评估是确保公平分配的重要步骤。不同类型的资产可能需要聘请专业评估师来确定其公允价值。评估结果不仅用于遗产分配的参考，还可用于缴纳遗产税和其他相关税费。准确的价值评估是实现合理分配和遵守法律法规的重要保障，也是避免未来纠纷的重要措施。

确定遗产分配意愿是核心环节。遗产所有者需要明确表达其分配意愿，包括每位继承人应获得的具体资产和比例。在这个过程中，要考虑家庭成员的具体情况、法律规定和税务影响等因素，确保分配方案的合法性和合理性。必要时，可以在专业的财富管理专家和律师的帮助下，制订出符合自身意愿且合法的遗产分配方案。

法律文件的起草与执行是保障遗产分配方案顺利实施的关键。在明确分配意愿后，需要起草相关的法律文件，如遗嘱、信托文件等，并确保这些文件符合法律要求。文件起草完成后，应及时进行公证或其他法律程序，以确保其具有法律效力。同时，安排专业人员负责文件的执行，以确保遗产分配方案按照预期进行。

（三）遗产分配方案的实施与调整

遗产分配方案的实施是确保遗产按照既定计划有效分配的关键环节。实施过程中需要严格遵循法律程序和财务管理原则，以避免可能出现的法律纠纷和财务损失。遗嘱执行人必须全面理解遗嘱内容，确保每一个分配细节都符合遗嘱人的意愿和法律规定。遗嘱执行人还需具备良好的财务管理能力，能够合理管理遗产，确保资产在分配前保持或增值。遗产管理者应充分考虑各受益人的需求和财务状况。对于未成年人、残障人士或其他特殊受益人来说，信托是一种有效的分配工具，可以通过设立信托基金为他们提供长期的财务保障。合理安排遗产的分配时间，避免因一次性分配大量财产而引发的财务管理问题，也是重要的实施环节。

遗产分配方案的调整是为了应对遗产分配过程中可能出现的变化和挑战。

例如，受益人情况的改变、遗产种类和数量的变化、法律法规的更新等，都可能需要对遗产分配方案进行相应的调整。对于遗嘱执行人和遗产管理者来说，保持灵活性和前瞻性，能够及时发现和应对这些变化，是确保遗产分配顺利进行的重要能力。在进行调整时，应充分沟通和尊重各方利益，特别是在多方利益存在冲突的情况下，寻求法律和财务专业人士的建议，以制订最优的分配方案。定期审查和更新遗产分配方案，确保其在法律和实际操作中的有效性和可行性，也是遗产管理者的重要职责。

第三章　财富管理的投资策略

第一节　股票投资策略

一、股票市场的基本概念

（一）股票的定义与类型

股票是一种有价证券，代表持有人对发行公司部分资产和收益的所有权。它主要分为普通股和优先股两大类。普通股是最常见的一种股票，其持有者享有公司分红和表决权等权利，但在公司清算时，普通股股东的利益排在优先股和债权人之后。优先股则是在分红和清算时享有优先权利的股票，通常不具有表决权，但在公司盈利分配和资产清算时优先于普通股股东。

普通股具有较高的风险和收益潜力。由于普通股股东在公司清算时处于最后的索赔顺序，他们面临较大的风险。然而，普通股股东也享有最大的收益潜力，因为他们参与公司的利润分配，并且在公司表现良好时能够获得丰厚的股息和资本增值。普通股的波动性较大，适合愿意承担较高风险并追求高回报的投资者。

优先股的风险和收益介于普通股与债券之间。优先股通常提供固定的股息支付，类似于债券的固定利息支付。然而，优先股股东通常不具备表决权，这限制了他们对公司事务的影响力。优先股的股息支付优先于普通股，但在公司破产清算时，优先股仍然排在债权人之后。优先股适合那些希望在享受一定收益的同时，承担较低风险的投资者。

股票的分类不仅限于普通股和优先股，还可以根据不同的标准进一步细分。例如，根据股票的流通市场，可以分为 A 股、B 股、H 股等。A 股是以人民币计价并在中国大陆交易的股票，B 股是以外币计价并在中国大陆交易的股票，H 股则是在香港证券交易所上市并以港币计价的股票。此外，根据公司规模，可以分为大盘股、中盘股和小盘股。大盘股通常是市值较大的公司股票，波动性较小；中盘股和小盘股则分别是市值中等和较小的公司股票，波动性较大但收益潜力也更高。

（二）股票市场的运作机制

股票市场的运作机制不仅关系投资者的交易行为，还对整个经济体系产生深远影响。通过市场参与者、交易规则、信息披露制度以及监管体系等几个关键要素，股票市场得以维持其正常运行和健康发展。

市场参与者是股票市场运作的基础。包括个人投资者、机构投资者、市场中介机构和监管机构在内的各类参与者，共同构成了股票市场的生态系统。个人投资者和机构投资者通过买卖股票实现投资目标，市场中介机构如证券公司和基金公司则提供交易平台和投资服务。监管机构负责确保市场的公平和透明，制定规则和标准以维护市场秩序。各类市场参与者相互作用，共同维护股票市场的正常运行。

交易规则是股票市场运作的核心。股票交易通常通过公开市场进行，买卖双方在交易所平台上匹配成交。交易所制定了严格的交易规则，包括交易时间、价格撮合机制和交易费用等。现代股票市场引入了电子化交易系统，提高了交易效率和透明度。股票价格的形成机制主要依赖于供需关系，即买方和卖方的报价和成交情况。通过这些规则，股票市场能够在公平、公正和公开的基础上运作。

信息披露制度是保障股票市场健康发展的重要机制。上市公司必须定期披露财务报表、经营情况和重大事项。信息披露的及时性和准确性直接影响投资者的决策，进而影响股票价格的波动。为了确保信息披露的公正性，监管机构制定了严格的披露要求和处罚措施，防止内幕交易和市场操纵行为。完善的信息披露制度能够增加市场透明度，增强投资者信心。

监管体系是股票市场稳定运行的保障。监管机构通过制定法律法规、监督市场行为、调查违规行为等手段，维护市场秩序，保护投资者权益。监管体系的有效性直接关系市场的公信力和吸引力。近年来，随着金融市场的全球化和复杂化，监管机构也不断调整和完善监管框架，增强国际合作，确保市场的稳定和健康发展。

二、股票投资的基本原则

（一）价值投资原则

价值投资原则强调投资者应当以公司的内在价值作为判断投资机会的基础。

内在价值通常由公司的基本面分析得出，包括其盈利能力、资产负债状况、现金流量等因素。通过详细分析这些基本面数据，价值投资者能够判断股票是否被市场低估，从而在市场价格低于内在价值时买入股票，并在市场价格高于内在价值时卖出股票，以获取长期的投资收益。

价值投资的核心理念源自对市场短期波动的不确定性和公司长期价值的信任。投资者需要具备足够的耐心和远见，抵御市场短期波动的诱惑，专注于公司的长期发展潜力。由于市场情绪和外部环境的变化可能导致股票价格的短期波动，价值投资者必须具备识别市场错误定价的能力，并敢于在市场悲观时买入优质公司股票。这种逆向思维不仅需要专业知识，还需要心理上的坚韧和耐心。

风险控制在价值投资中同样重要。投资者不仅要关注投资的潜在收益，还要评估所承担的风险。通过深入研究公司的基本面，了解其业务模式、管理团队、行业地位等，投资者可以更好地评估投资标的的风险水平。此外，分散投资也是价值投资策略中的重要手段。通过投资于不同的公司和行业，可以有效降低单一股票或行业波动对整体投资组合的影响，从而实现更稳定的收益。

独立思考和判断是价值投资成功的关键。在市场信息泛滥的环境中，投资者需要筛选出有价值的信息，避免随波逐流。价值投资者通常会采取逆向思维，在市场过度乐观时保持谨慎，在市场极度悲观时寻找投资机会。独立的思考和坚定的信念是成功的基石，能够帮助投资者在复杂的市场环境中保持冷静和理性，从而作出明智的投资决策。

（二）成长投资原则

成长投资原则是一种以企业未来增长潜力为核心的投资策略。该原则强调发掘那些具有较高增长潜力的企业，而非仅仅关注其当前的财务表现。投资者在选择成长型公司的过程中，通常会考察公司的收入增长率、市场份额变化、创新能力以及行业前景等因素。通过这些指标，投资者能够评估公司在未来是否有能力持续增长，从而实现资本增值。

这种投资策略的核心在于对未来的预判和对企业成长性的深刻了解。成长投资原则通常适用于那些处于快速发展阶段的公司，这些公司可能在短期内尚未实现盈利，但其业务模式和市场前景显示出巨大的潜力。投资者需要具备敏锐的市场洞察力和较高的风险承受能力，因为成长型公司的股价波动较大，市场预期变化可能带来较大的投资风险。

在实施成长投资原则时，投资者需要进行深入的基本面分析。这包括对公司财务报表的详细研究，了解其收入来源、成本结构、利润率以及现金流状况。此外，投资者还需关注公司的管理团队，评估其领导能力和战略眼光。对行业趋势和市场竞争格局的分析也是不可或缺的，只有在全面了解行业发展态势的基础上，才能更准确地判断公司的成长潜力。

成功实施成长投资原则还依赖于长期的投资视角。由于成长型公司在初期可能面临较大的不确定性，投资者需要有足够的耐心和信心，持有这些公司的股票，等待其成长潜力的逐步兑现。这意味着，成长投资策略更适合那些有长期投资计划的投资者，而非寻求短期回报的投机者。通过坚持成长投资原则，投资者有望在企业成长过程中获得丰厚的回报，实现财富的稳步增长。

三、股票估值方法

（一）市盈率（P/E）估值法

市盈率（Price/ Earnings Ratio，P/E）是股票估值中最常用的指标之一。将股票的市场价格与每股盈利（Earnings Per Share，EPS）相除，得出公司股票的市盈率。市盈率反映了投资者为每单位盈利支付的价格，是衡量股票是否被高估或低估的重要参考。一般来说，市盈率较低的股票被认为估值较低，可能有投资价值，而市盈率较高的股票则被认为估值较高，投资风险较大。

市盈率估值法的优势在于其简单性和直观性，容易被投资者理解和使用。此外，市盈率能够反映市场对公司未来盈利增长的预期，提供了一个动态的视角来评估股票的价值。这种方法能够迅速帮助投资者判断一个公司股票的相对估值水平，从而作出初步的投资决策。

市盈率估值法也有其局限性。不同的行业具有不同的市盈率水平，直接比较不同行业公司的市盈率可能会产生误判。市盈率受盈利数据的影响较大，如果公司盈利波动较大，市盈率的准确性和稳定性将受到挑战。因此，仅凭市盈率进行投资决策可能会有一定的风险。

在实际应用中，投资者通常会结合公司的历史市盈率和行业平均市盈率来判断股票的合理估值水平。如果一只股票的市盈率显著低于其历史平均水平或行业平均水平，可能表明该股票被低估，具有投资潜力；反之，如果市盈率显著高于历史平均水平或行业平均水平，则可能预示股票被高估，投资风险较大。

（二）市净率（P/B）估值法

市净率（Price/ Book Ratio，P/B）是衡量一家公司市场价值与账面价值之间关系的重要指标，广泛应用于股票投资策略中。市净率的计算公式为：市净率 = 市场价格 / 每股账面价值。这一指标能够提供公司资产负债表健康状况的直观评估，使投资者能够快速判断市场对公司净资产的评估是否合理。

市净率在资本密集型行业和金融行业中尤其有用。在这些行业，公司的资产负债表通常较为复杂，使用市净率可以帮助投资者排除一些短期市场波动的影响，专注于公司的长期价值。较低的市净率可能表明公司被低估，投资者可以考虑买入，而较高的市净率可能暗示公司被高估，投资者需要谨慎评估其风险。

尽管市净率估值法颇具实用性，但也存在局限性。不同的行业之间市净率差异较大，因此不能简单地进行横向比较。此外，市净率忽视了公司的盈利能力和未来增长潜力，仅仅基于账面价值进行评估，这可能导致对公司实际情况的误判。对于那些拥有大量无形资产（如知识产权、品牌价值）的公司，市净率可能并不能准确反映其真实价值。

在实际应用中，投资者应结合其他估值方法，如市盈率（P/E）和现金流折现（DCF）方法，综合评估公司价值。市净率的有效性还需考虑宏观经济环境、行业发展前景以及公司自身的经营状况等多方面因素。通过多角度、多维度的分析，投资者才能更全面地了解市净率所提供的信息，从而作出更加科学合理的投资决策。

（三）现金流折现估值法

现金流折现估值法是一种基于未来现金流量折现的估值方法，通过预测公司未来的自由现金流，并将其折现到当前价值来评估公司的内在价值。该方法在金融分析和投资决策中具有广泛应用。

预测公司的未来现金流是 DCF 估值法的核心步骤之一。预测通常基于公司过去的财务表现、行业趋势以及管理层的战略规划。具体过程涉及对未来收入增长率、利润率、资本支出、营运资本变化等关键财务指标的估算。这些指标的准确预测需要丰富的行业知识和财务分析能力，任何错误或偏差都可能导致估值结果的显著偏离。因此，进行详细的行业分析和公司调研至关重要。

折现率的选择是DCF估值法的另一关键环节。折现率通常基于资本资产定价模型（CAPM）计算，反映了投资者对风险和时间价值的要求。CAPM模型考虑无风险利率、市场风险溢价和公司的贝塔系数来确定折现率。对于不同的公司和行业，贝塔系数和市场风险溢价的选择可能存在显著差异，因此需要根据具体情况进行调整和判断。折现率的选取直接影响到现金流的现值计算，进而影响估值的准确性。

DCF估值法不仅应用于股票投资，还广泛应用于企业并购、财务报表分析以及项目投资决策中。其优点在于能够全面考虑公司的长期价值，而不仅仅是短期市场波动。通过DCF估值法，投资者可以获得一个较为客观的公司内在价值评估，从而作出更为理性的投资决策。然而，DCF估值法也存在一定的局限性。例如，对未来现金流的预测具有不确定性，折现率的选择可能存在主观性。因此，使用DCF估值法时需要结合其他估值方法，如市盈率法、市净率法等，以提高估值的准确性和可靠性。

四、技术分析与基本面分析

（一）技术分析的基本工具

技术分析是一种通过分析市场行为，尤其是价格和交易量，来预测未来价格走势的投资方法。其核心思想是通过研究市场自身的行为来预测未来的价格走势，而不依赖于公司的基本面信息。技术分析的基本工具主要包括价格图表、技术指标和形态分析。

价格图表是技术分析的基础工具，通过绘制价格随时间的变化曲线，投资者可以直观地观察到市场的走势和价格变化的趋势。常见的价格图表类型包括折线图、柱状图和K线图（蜡烛图）。折线图通过连接每日的收盘价来展示价格变化的趋势，适合于观察长时间的价格走势。柱状图通过柱体的高度来表示每日的开盘价、收盘价、最高价和最低价，能够提供更多的信息。而K线图因其能够同时展示开盘价、收盘价、最高价和最低价，信息更加丰富，因此被广泛使用。K线图中的每条K线代表一个时间周期，如日K线、周K线等，通过观察K线的形态和组合，投资者可以获得更多的市场信息。

技术指标是基于数学公式计算得出的数值，用于辅助判断市场趋势和价格走势。常见的技术指标包括移动平均线（MA）、相对强弱指数（RSI）、随机指标（KDJ）和布林带（Bollinger Bands）等。移动平均线通过平滑价格波动来揭示市场趋势，投资者可以根据移动平均线的方向和交叉情况来判断市场的买卖信号。RSI 和 KDJ 则用于衡量市场的超买超卖状态，RSI 值通常在 0～100 之间波动，当 RSI 超过 70 时表示市场超买，低于 30 时表示市场超卖。布林带通过价格波动范围来预测价格的波动区间，由中轨线、上轨线和下轨线组成，价格通常在上轨线和下轨线之间波动，当价格突破上、下轨线时，可能预示着市场趋势的变化。技术指标的组合使用可以提供更为全面的市场分析视角。

形态分析是技术分析的另一个重要组成部分，主要通过识别和分析价格图表中的形态来预测市场走势。常见的价格形态包括头肩顶、双顶、双底、三角形和旗形等。这些形态通常预示着市场趋势的反转或延续。头肩顶和双顶是典型的反转形态，预示着市场可能从上涨转为下跌；而双底则是预示着市场可能从下跌转为上涨的反转形态。三角形和旗形则是持续形态，预示着市场将继续沿原有趋势发展。通过识别这些形态，投资者可以预判市场的下一步走势，从而制定相应的投资策略。

（二）基本面分析的主要指标

基本面分析作为股票投资策略中的重要组成部分，通过深入分析企业的财务状况、经济环境及行业状况来评估其内在价值，从而指导投资决策。以下是基本面分析的主要指标，包括财务报表、盈利能力、资产负债情况和现金流状况。

财务报表是基本面分析的核心工具。通过深入分析公司的资产负债表、利润表和现金流量表，投资者可以全面了解公司的财务健康状况。资产负债表提供了公司在特定时间点的资产、负债和股东权益的信息，这有助于了解公司的财务结构和稳健性。利润表反映了公司在一定期间内的收入、成本和利润情况，揭示了公司的盈利能力和运营效率。现金流量表展现了公司在经营、投资和融资活动中的现金流入和流出情况，这些数据共同构成了评估公司财务状况的重要依据。

盈利能力指标是衡量公司价值的重要因素之一。常用的盈利能力指标包括净利润率、毛利率、营业利润率和每股收益（EPS）等。净利润率衡量的是公司净利润占总收入的比例，反映了公司在控制成本和费用方面的能力。毛利率显示了公司在扣除直接成本后的盈利能力，表示公司在生产和销售环节的利润空间。营业利润率考查公司在经营活动中的盈利水平，揭示了公司主营业务的盈利能力。每股收益是净利润除以总股本的结果，反映了公司为每股股票创造的利润，直接影响投资者的收益预期。

资产负债情况是基本面分析的重要方面。资产负债比率、流动比率和速动比率等指标可以帮助投资者了解公司的偿债能力和财务稳定性。资产负债比率计算的是公司总负债占总资产的比例，反映了公司在融资结构上的稳健性。流动比率衡量公司短期资产与短期负债的比例，帮助投资者判断公司在短期内偿还债务的能力。速动比率则更为保守，计算的是公司最具流动性的资产（如现金和应收账款）与短期负债的比例，进一步评估公司的短期偿债能力。

现金流状况是公司运营健康的重要体现。经营活动现金流是公司日常经营活动所带来的现金流入和流出，反映了公司核心业务的健康程度。投资活动现金流展示了公司在长期资产方面的投资情况，包括购买固定资产和其他长期投资。融资活动现金流则显示了公司通过融资获得的资金和偿还债务的情况，揭示了公司的资本结构和融资策略。稳定且充裕的现金流是公司持续发展的基础，有助于应对市场变化和投资机会。

第二节　债券投资策略

一、债券的概念与分类

（一）政府债券

政府债券是由国家或地方政府发行的债务工具，旨在筹集资金并用于各种公共支出。这些支出包括基础设施建设、社会福利项目以及其他政府计划。由于发行主体是政府，政府债券被广泛认为是低风险投资品种，尤其是由中央政府发行的债券，其信用风险几乎可以忽略不计。

政府债券可以根据不同的标准进行分类。按照发行主体来划分，政府债券分为中央政府债券和地方政府债券。中央政府债券由财政部或相应的中央机构发行，通常具有较高的信用等级和流动性。地方政府债券则由地方各级政府或其财政部门发行，用于地方公共项目的融资，尽管其风险相对较高，但在政策和法规的保障下，仍被视为较为安全的投资工具。

从收益类型来看，政府债券可以分为固定利率债券和浮动利率债券。固定利率债券在整个期限内支付固定的利息，适合追求稳定收益的投资者。浮动利率债券的利息支付则根据市场利率或其他基准利率的变化进行调整，能够在一定程度上对冲利率风险。

根据期限的不同，政府债券还可以分为短期债券、中期债券和长期债券。短期债券一般指到期期限在一年以内的债券，中期债券的期限通常在一至十年之间，而长期债券的期限则超过十年。投资者可以根据自身的流动性需求和风险承受能力选择不同期限的政府债券组合，以实现优化资产配置的目标。

（二）公司债券

公司债券是企业为满足资本需求而发行的一种债务工具，主要用于筹集资金以支持公司的运营和发展。相较于其他类型的债券，公司债券通常提供较高的收益率，但也伴随着更高的信用风险和市场风险。投资者在选择公司债券时，必须仔细评估发行企业的财务健康状况、经营环境和市场前景，以判断其偿债能力和潜在收益。

公司债券的信用评级是投资者评估其风险的重要依据。评级机构如穆迪、标准普尔和惠誉等会综合考量企业的财务状况、经营绩效和市场环境，提供债券的信用评级。高评级公司债券被视为低风险投资，适合风险承受能力较低的投资者；低评级公司债券则被视为高风险高收益投资，适合有较高风险承受能力的投资者。

债券的期限结构也是投资者需关注的关键因素。短期公司债券期限通常在一年以内，适合短期资金管理和流动性需求；中长期公司债券期限在一年以上，适合长期投资和收益目标。投资者需要根据自身的资金流动性需求和收益预期，合理配置不同期限的公司债券，以实现投资组合的多样化和风险分散。

公司债券根据票面利率和发行方式还可以进一步分类。固定利率债券在整个期限内利率固定，适合预期利率稳定或下行的市场环境；浮动利率债券的利率会随市场利率波动而调整，适合预期利率上行的市场环境。公司债券的发行方式主要分为公开发行和私募发行，公开发行的公司债券流动性较强，适合一般投资者；私募发行的公司债券则通常面向特定投资者，适合机构投资者和高净值个人投资者。

（三）可转换债券

可转换债券是一种兼具债券和股票特性的混合型金融工具。发行公司在债券的基础上附加转换权，持有者可以在特定条件下将债券转换为公司的股票。这一特性赋予可转换债券较高的灵活性和潜在的增值空间。投资者不仅可以获得固定的债券利息收入，还能通过将其转换为股票参与公司的股权增值，实现资本增值的双重收益。

可转换债券的定价相对复杂，需综合考虑多种因素，包括基础债券的票面利率、到期时间、转换比率以及标的股票的市场价格等。定价通常包括债券部分的价值和转换期权的价值两部分。转换期权的价值取决于标的股票价格的波动率和市场对未来价格走势的预期。因此，投资者在评估可转换债券时，需要进行详细的市场分析和风险评估。

可转换债券的投资策略多种多样，投资者可以根据市场条件和自身风险偏好选择合适的策略。在市场上升趋势时，投资者可以选择持有可转换债券并等待股价上涨，通过转换获得较高的资本收益。而在市场下行时，投资者可以选择持有不转换的债券部分，以获得相对稳定的利息收入。此外，投资者还可以通过套利策略，利用市场上的价格差异进行买卖操作，获得无风险收益。

二、债券市场的运作机制

（一）一级市场与二级市场

债券市场是金融市场的重要组成部分，承担着政府、企业等主体筹集资金的重要职能。其运作机制可以分为一级市场和二级市场两个主要部分。了解这两个部分的功能与运作方式，有助于投资者制定有效的投资策略，优化投资组合，并促进整个资本市场的健康发展。

一级市场，也称为发行市场，是债券的初次发行和销售的场所。在这个市场上，政府、公司或其他机构通过公开发行或私募方式向投资者出售新债券，从而筹集所需资金。新发行的债券通过承销商或投资银行进行发行，以确保发行过程的顺利进行和资金募集的成功。投资者在一级市场上购买债券后，发行者承诺在特定期限内支付利息，并在到期时偿还本金。这种方式不仅为发行者提供了直接融资的渠道，还为投资者提供了新的投资机会。

二级市场，又称为交易市场，是已发行债券在投资者之间买卖和流通的场所。在二级市场，投资者可以通过交易所或场外市场（OTC）进行债券交易，从而实现流动性管理和投资组合的调整。二级市场的存在，使债券具有一定的流动性，投资者可以在需要时变现其持有的债券。债券价格在二级市场上受到市场供需关系、利率变动、信用评级等多种因素的影响，因此可能会出现价格波动。通过二级市场，投资者可以根据市场情况进行套利操作，优化投资收益。

一级市场和二级市场在债券市场的运作中相辅相成。一级市场为发行者提供了筹集资金的渠道，使其能够获得所需的资金；而二级市场则为债券持有者提供了流动性和退出机制，使投资者能够根据市场情况灵活调整投资组合。两者的有效运作不仅能够促进资本市场的健康发展，还能够提高债券市场的整体效率和透明度。

（二）债券发行与交易流程

债券发行与交易流程是债券市场运作的核心环节，直接影响投资者的决策和市场的流动性。债券的发行通常包括初始发行、承销和上市环节。

初始发行是债券发行人通过一级市场将债券销售给投资者的过程。这个环节通常由承销商负责，承销商可以是商业银行、投资银行或其他金融机构。承销商的职责不仅局限于销售债券，还包括市场调查、定价和分销等工作。在定价过程中，承销商需要综合考虑市场利率、发行人的信用状况、债券期限等多种因素，以确保债券能够顺利发行并吸引足够多的投资者。

在初始发行后，债券进入二级市场流通。二级市场是投资者之间买卖债券的场所，能够为债券提供流动资产，使投资者可以在需要时变现。二级市场的交易方式主要包括场内交易和场外交易。场内交易是在证券交易所进行的交易，具有公开透明、交易成本低等优点；场外交易则是在交易所之外通过经纪商或直接交易，虽然灵活性较高，但透明度和监管力度相对较弱。

债券交易流程中的结算与清算是确保交易顺利完成的重要环节。结算是指交易双方在交易达成后，按照约定的价格和数量进行资金和债券的交割。清算则是对交易进行核对、确认和资金划转的过程。现代债券市场通常采用中央对手方结算机制，即由中央结算公司作为交易的对手方，承担交易对手违约风险，简化交易流程，提高市场效率。中央对手方结算机制的引入不仅提高了市场的安全性和稳定性，还增强了市场的流动性。

信息披露是债券市场运作机制中保证市场透明度和投资者权益的重要手段。在债券发行和存续期间，发行人需要定期披露财务状况、经营业绩及重大事项等信息，确保投资者能够全面了解发行人的信用风险和债券价值。信息披露的质量和及时性对投资者的决策和市场的公平性具有重要影响。监管机构通过制定严格的信息披露规则和实施有效的监督措施，保障市场的健康运行和投资者的合法权益。

（三）债券市场的主要参与者

政府及其相关机构是债券市场的核心参与者。政府通过发行国债来筹集资金，用于公共支出和经济政策的实施。国债因其低风险和高流动性，成为投资者的重要“避风港”。国债通常被视为无风险的投资工具，因为政府具有较高的信用等级和偿债能力。此外，地方政府也会发行地方政府债券，以满足地方财政需求。这些债券可用于基础设施建设、公共服务提供等领域，进一步推动地方经济的发展。

商业银行和其他金融机构在债券市场中扮演着重要角色。商业银行不仅是债券的主要发行机构之一，也是债券的主要投资者。通过购买债券，商业银行可以实现资产配置优化和风险管理。债券作为一种相对稳定的投资工具，有助于银行在资产负债表上保持适当的流动性和稳定性。保险公司、养老基金等机构投资者也积极参与债券市场。由于这些机构通常拥有长期投资需求，债券因其稳定的收益特性，成为它们的重要投资工具，有助于实现资产的长期保值增值。

企业和公司是债券市场的另一重要参与者。企业通过发行公司债券来筹集长期资本，以支持其业务扩展和资本结构优化。公司债券的信用风险较高，但收益也相对较高，吸引了风险偏好较高的投资者。企业可以利用发行债券来的资金进行技术创新、市场扩展等活动，提升其市场竞争力和盈利能力。一些大型跨国公司通过在国际债券市场发行债券来筹集外币资金，以支持其全球业务运营，进一步丰富了债券市场的参与主体。

三、债券投资的收益与风险分析

（一）票息收益与资本利得

债券投资是一种重要的金融工具，投资者可以通过债券获得票息收益和资本利得两种主要收益。票息收益是指债券投资者通过持有债券而定期获得的利息收入。这种收益在债券发行时就已确定，并在债券存续期间按规定的时间间隔支付给投资者。票息收益的稳定性使其成为许多保守型投资者的首选，特别是在市场波动较大或经济环境不确定的情况下。票息收益的大小主要取决于债券的票面利率和面值，票面利率越高，票息收益就越大。投资者在选择债券时需关注信用评级，因为信用评级较高的债券通常票息收益较低，反之亦然。

资本利得是债券投资者通过买卖债券所获得的价差收益。当投资者以低于票面价值的价格购买债券，并在市场利率下降时卖出，或持有到期收回面值金额时，便可获得资本利得。资本利得的大小受到市场利率波动、债券剩余期限、信用评级变化等多种因素的影响。通常，当市场利率下降时，债券价格上升，投资者可以获得资本利得；而当市场利率上升时，债券价格下降，投资者可能会面临资本损失。

债券投资的风险主要包括利率风险、信用风险和流动性风险。利率风险是指市场利率变化对债券价格的影响。市场利率上升会导致债券价格下跌，投资者可能面临资本损失。信用风险是指债券发行人违约的可能性，即无法按时支付利息或到期偿还本金的风险。信用评级较低的债券面临较高的信用风险，投资者需要通过分散投资来降低此类风险。流动性风险是指市场交易不活跃导致债券难以快速变现的风险。流动性较差的债券在急需资金时可能难以卖出或只能以较低的价格卖出。

（二）利率风险与信用风险

在债券投资中，利率风险和信用风险是两个必须仔细管理的重要因素。了解这两种风险的特点和应对策略，对于提高投资收益和降低投资组合波动性具有重要意义。财富管理专家需要不断更新对市场和经济环境变化的认知，以便在复杂多变的市场条件下，为客户提供科学合理的投资建议。

利率风险是债券投资中不可忽视的重要因素。利率的变化会直接影响债券的价格和收益率。当市场利率上升时，已发行的固定利率债券的价格通常会下降，因为其固定收益对于投资者而言变得相对不具吸引力。反之，当市场利率下降时，固定利率债券的价格会上升。投资者需要密切关注宏观经济环境和央行的货币政策，以判断利率的变动趋势。利率风险还可以通过投资于不同期限的债券来进行管理和分散。

信用风险是指债券发行人无法按时支付利息或偿还本金的风险。信用风险的大小取决于发行人的信用评级和财务状况。高信用评级的债券发行人通常违约风险较低，但其提供的收益率也相对较低；而低信用评级的债券发行人可能提供较高的收益率，但违约风险也更高。投资者在进行债券投资时，必须对发行人的信用状况进行详细分析，包括其财务报表、经营状况和行业前景等。信用评级机构的评级报告也是评估信用风险的重要参考。

利率风险和信用风险的管理是债券投资策略的核心内容。投资者可以通过债券组合的多样化来分散这两种风险。通过持有不同信用评级、不同期限和不同类型的债券，可以有效地降低单一债券违约或利率波动带来的影响。投资者还可以运用金融衍生工具，如利率互换和信用违约互换（CDS），来对冲潜在的利率和信用风险。

（三）通货膨胀风险与再投资风险

投资者在债券市场中常常面临两种主要的风险：通货膨胀风险和再投资风险。

通货膨胀风险是指由于通货膨胀率上升，债券的实际购买力下降，导致投资者获得的实际收益减少。债券作为固定收益类资产，其票面利率在发行时已经确定，但如果通货膨胀率在债券持有期间显著上升，债券的实际收益率将降低。面对通货膨胀风险，投资者需要综合考虑宏观经济环境及货币政策的变化，采取相应的对冲策略，如选择通货膨胀保值债券（TIPS）等，以减少通货膨胀对投资收益的侵蚀。

再投资风险是指债券投资者在债券到期或票息支付后，面临再投资时的市场利率不确定性。如果市场利率下降，投资者在再投资时只能获得较低的收益率，从而影响整体投资收益。在利率波动较大的市场环境中，再投资风险尤为显著。投资者可以通过期限匹配策略、购买浮动利率债券或分散投资于不同期限的债券来降低再投资风险。

投资者面对通货膨胀风险和再投资风险，需要全面的风险管理和收益分析，结合自身的风险承受能力和投资目标，制定合理的投资组合策略。通过动态调整投资组合中的债券品种和期限结构，投资者可以在一定程度上平衡收益与风险，实现财富的长期增长。同时，投资者应持续关注经济指标和市场动向，及时调整投资策略。

第三节　基金投资策略

一、基金投资的概念

（一）基金的定义与类型

基金是一种通过集合众多投资者的资金，由专业的基金管理公司或管理人进行集中管理并投资于各种金融资产的投资工具。其核心在于专业化管理和分散化投资，这不仅能够降低个体投资者的风险，还能提升整体收益。基金的定义包含两个关键要素：集合投资和专业管理。通过集合投资，可以汇集更多的资金进行大规模投资，从而获得更多的投资机会。专业管理则意味着基金由经验丰富的专业人士进行操作和管理，能够更有效地分析市场和选择投资标的。

基金类型多样，主要可分为股票型基金、债券型基金、混合型基金、货币市场基金和指数基金等。

股票型基金主要投资于股票市场，具有较高的风险和潜在收益。由于股票市场波动较大，股票型基金的收益也波动较大，但长期来看，股票型基金往往能够获得较高的回报，适合那些愿意承担较高风险、追求长期资本增值的投资者。

债券型基金则主要投资于债券市场，相对风险较低，收益稳定。债券市场的波动性较小，因此债券型基金的收益也较为稳定，适合那些希望获得稳定收入、风险承受能力较低的投资者。债券型基金通常投资于政府债券、公司债券等固定收益类金融工具。

混合型基金同时投资于股票和债券，适合风险承受能力中等的投资者。混合型基金通过在股票和债券之间进行配置，既能够享受股票市场的高收益潜力，又能够通过债券投资降低整体投资组合的风险。投资者可以根据自己的风险偏好和市场情况，选择不同类型的混合型基金。

货币市场基金主要投资于短期货币市场工具，如国库券和银行定期存单，风险最低，流动性强。货币市场基金的主要特点是低风险和高流动性，适合那些希望在保持资本安全的前提下获得一定收益的投资者。货币市场基金通常用于短期资金管理和现金储备。

指数基金通过复制特定指数的成分股来实现投资，具有分散风险和低成本的特点。指数基金不主动挑选个股，而是跟踪某一市场指数，如上证指数或标普 500 指数。由于不需要频繁买卖股票，管理费用较低。指数基金适合那些希望获得市场平均收益、追求低成本的投资者。

（二）基金的运作机制

基金的运作机制是基金管理与投资者之间的桥梁，通过有效的机制设计，基金得以实现高效的资金运作和风险管理。基金的整体运作包括资金募集、投资管理、收益分配、风险控制以及信息披露等重要环节，每个环节都至关重要，为投资者的资产增值提供了保障。

基金公司通过公开募集方式吸引投资者的资金，投资者成为基金的持有人。募集到的资金汇集在一起，形成基金资产。基金公司通过发行基金份额，吸引广泛的投资者进行投资。这一过程不仅需要严格遵守法律法规，还需要通过有效的宣传和市场推广，吸引投资者的关注和参与。募集资金的成功与否直接影响基金的规模和未来的投资能力。

基金管理团队根据市场分析和投资策略，将募集的资金投资于多种金融工具和资产，如股票、债券、房地产等。团队的专业性和投资策略的科学性决定了基金资产的配置效果和投资回报。为了实现最佳的投资回报，管理团队需要根据市场变化和投资组合的表现，进行动态调整和优化。资产配置不仅要考虑收益，还需兼顾风险，确保投资组合的稳定性和多样性。

基金公司的运作需遵守相关法律法规和基金合同的规定，并接受监管机构的监督。基金管理团队需建立完善的风险管理体系，监控和管理投资组合的风险敞口，确保基金资产的安全性和流动性。科学的风险管理策略能够在市场波动中保持基金资产的稳定增长，防范系统性风险和非系统性风险。风险管理是基金运作的核心，直接关系到投资者的资金安全和收益的稳定。

收益按基金合同的约定进行分配，投资者根据持有的基金份额比例获得收益。基金公司需要定期向投资者披露基金的运作情况和业绩表现，确保信息的透明度和及时性。信息披露不仅包括定期报告和基金净值公告，还涉及重大事项的及时公告。通过透明的信息披露，投资者可以了解基金的投资运作和收益情况，作出理性的投资决策。

二、主动型与被动型基金的选择

（一）主动型基金的特点与策略

主动型基金是由基金经理或管理团队主动进行投资决策，旨在通过选股、择时等策略实现超越市场平均水平的回报。这类基金的特点之一是灵活性较高，基金经理可以根据市场变化调整投资组合，以应对不同的市场环境。主动型基金通常依赖于基金经理的专业知识和判断力，基金经理的能力和经验在很大程度上决定了基金的表现。

主动型基金的策略多种多样，包括价值投资、成长投资和主题投资等。价值投资策略侧重于寻找被市场低估的股票，通过买入并持有这些股票等待其价值回归，从而获取收益。成长投资则关注那些具有高成长潜力的公司股票，通过持有这些股票期待其未来的高速增长。主题投资则集中在某一特定行业或主题，如科技、医疗保健等，通过专注于这些领域来实现超额回报。这些策略的灵活运用使得主动型基金有机会在不同的市场环境中获取超额收益。

风险管理在主动型基金中也非常重要。由于主动型基金的投资组合可能较为集中，某些特定股票或行业的波动会对基金净值产生较大影响。基金经理需要通过多样化投资、设定止损点等方式来控制风险，确保在追求高收益的同时，尽量降低潜在的风险。此外，主动型基金的管理费用通常较高，因为基金经理需要花费大量的时间和资源进行研究和决策，这也是该类基金的一个主要成本因素。

（二）被动型基金的特点与策略

被动型基金是一种旨在追踪特定市场指数表现的投资工具，通常以指数基金的形式存在。其主要特点在于不通过主动管理来超越市场表现，而是尽可能准确地复制和跟踪目标指数的表现。由于投资组合的构建和调整是基于预先设定的指数成分股，被动型基金具有较低的管理费用和交易成本。这使得它们成为资金管理成本敏感型投资者的一个重要选择。

在投资策略方面，被动型基金通过严格按照指数成分股的比例来配置资产，从而实现与目标指数的高度相关性。被动型基金一般采用完全复制法或抽样复制法。完全复制法是指基金直接购买指数中的所有成分股，并按照其在指数中的权重进行配置。这种方法最能保证基金与指数的高度一致性。抽样复制法则是通过选择部分成分股来复制指数，适用于成分股数量较多或流动性较差的指数。

被动型基金的风险管理策略主要依赖于指数本身的分散化特点。由于指数通常涵盖市场上的多个行业和公司，被动型基金的投资风险相对分散，单一股票或行业的波动对整体基金表现的影响较小。然而，被动型基金无法避免市场系统性风险，因为其表现与整个市场的走势紧密相关。在市场整体下跌的情况下，被动型基金的表现也会随之下滑。

被动型基金的投资策略强调长期持有和定期再平衡。长期持有可以充分发挥复利效应，减少频繁交易带来的交易成本和税负。定期再平衡是指基金管理人在特定时间间隔内，依据指数成分股权重的变化对基金组合进行调整，以确保基金组合与目标指数的持续一致性。这种策略不仅能够维持基金的追踪误差在合理范围内，还有助于实现稳健的长期收益。

（三）主动型与被动型基金的比较

主动型基金和被动型基金在投资策略和管理方式上存在显著差异。主动型基金由基金经理或投资团队进行积极管理，通过深入的市场研究、分析和预测，主动选择和调整投资组合，以期超越市场平均收益。基金经理需要不断监控市场动向，调整投资策略，从而在市场波动中寻找机会。这种基金依赖于管理团队的专业知识和判断能力，因此表现的波动性较大，管理费用也相对较高。高管理费用主要用于支付专业人员的薪酬以及研究和交易成本。

被动型基金以复制某一特定市场指数的表现为目标，通常通过购买该指数中的所有或大部分成分股来实现这一目标。由于被动型基金不需要进行频繁的买卖操作，管理费用相对较低，且其表现通常与市场指数紧密相关。投资者可以通过被动型基金实现多样化投资，降低个股或行业风险。被动型基金的波动性相对较低，更加适合风险承受能力较低的投资者，这种基金通常是希望实现市场平均收益且费用较低的投资者的理想选择。

在收益表现方面，主动型基金有可能在市场行情较好时获得超额收益，但也存在较大的不确定性和风险。基金经理的选股和市场判断若出现失误，可能导致基金表现不佳。被动型基金由于其策略透明和简单，通常在市场整体向好时表现稳定，但未必能在所有市场环境下都取得优异成绩。市场下行时，被动型基金也会随之下跌，因为其表现完全依赖于市场指数。

投资者在选择主动型或被动型基金时，需要结合自身的投资目标、风险偏好和投资期限进行综合考虑。如果投资者追求较高的回报，并且能够承受较高的风险和波动性，主动型基金可能是较好的选择。主动型基金适合那些有时间和能力去评估基金经理表现的投资者。而对于寻求稳定回报、费用较低且愿意接受市场平均收益的投资者而言，被动型基金则更为适合。这类基金提供了一种低成本、透明且易于理解的投资途径。

三、不同类型基金的比较与选择

（一）股票型基金

股票型基金是一类主要投资于股票市场的基金，旨在通过股票价格上涨和股息收入获取投资回报。这类基金的投资组合通常涵盖不同的行业和公司规模，以分散风险。然而，由于股票市场的高波动性，股票型基金的风险相对较高，不适合风险厌恶型投资者。

股票型基金的投资策略丰富多样，主要包括主动管理和被动管理。主动管理型股票基金由基金经理进行积极的投资决策，试图通过选股和市场时机获取超额收益。基金经理的经验和能力在这种基金中起着至关重要的作用。被动管理型股票基金通常跟踪某一特定股票指数，如沪深 300 指数或标普 500 指数，其管理费用较低，适合长期投资者。

在选择股票型基金时，需要考虑多个因素。基金的历史表现和稳定性是考量的重要依据。一只基金能否在不同的市场环境中保持优异的业绩，是衡量其投资价值的关键。基金管理团队的专业能力和经验同样重要，优秀的管理团队能够更好地应对市场波动，为投资者创造价值。基金的费用结构，包括管理费和其他运营费用，也需重点关注，因为这些费用直接影响投资者的实际收益。

投资股票型基金需关注市场风险与系统风险。市场风险是指由于市场整体波动而导致的投资损失，而系统风险是指特定行业或公司内部因素造成的风险。通过合理的资产配置和持有多样化的投资组合，可以有效降低这些风险，增强投资的稳定性。

（二）债券型基金

债券型基金是指主要投资于债券市场的基金，通过配置不同期限、信用评级和发行主体的债券来实现其投资目标，具有较低的风险特征，通常适合风险承受能力较低、追求稳定收益的投资者。债券型基金的收益主要来源于债券的票息收入以及债券市场价格波动带来的资本利得。在当前的宏观经济环境下，债券型基金的表现与利率走势、信用风险以及市场流动性等因素密切相关，因此需要投资者密切关注宏观经济环境。

债券型基金的类型多样，按投资标的可分为国债基金、企业债基金、可转换债券基金等。国债基金主要投资于国家发行的债券，具有较高的安全性和信用等级，是保守投资者的理想选择。企业债基金则投资于企业发行的债券，虽然收益率较高，但伴随一定的信用风险，需要投资者具备一定的风险承受能力。可转换债券基金通过投资可转换债券，实现债券和股票市场的双重收益，适合希望在稳健中寻求增长的投资者。这些不同的债券型基金在风险收益特征上存在差异，投资者应根据自身的风险偏好和投资目标进行选择。

债券型基金的选择应综合考虑基金经理的管理能力、基金的历史业绩、费用结构和基金公司信誉等因素。基金经理的管理能力直接影响基金的投资决策和风险控制，优秀的基金经理通常能够在市场波动中实现较高的收益。基金的历史业绩可以为投资者提供基金过去表现的参考，但不应成为唯一依据，因为市场环境和基金策略可能发生变化。费用结构包括管理费、托管费等，低费用率的基金通常能为投资者带来更高的净收益。基金公司的信誉和管理水平也影响基金的长期表现，选择信誉良好的基金公司有助于降低投资风险。

债券型基金在投资组合中的作用主要是提供稳定的收益和分散风险。通过配置债券型基金，投资者可以降低投资组合的波动性，提高组合的风险调整后收益。特别是在经济不确定性较大或股市波动较剧烈的时期，债券型基金的稳健特性尤为重要。因此，在进行财富管理时，合理配置债券型基金可以有效平衡投资组合的风险与收益，达到保值和增值的目标。

（三）混合型基金

混合型基金是一种将股票、债券等多种资产类别进行组合投资的基金类型，旨在通过资产配置的多样化来分散风险并提高投资回报。其投资策略灵活多变，能够适应不同市场环境和投资者的需求。与单一资产类别基金相比，混合型基金在风险与收益之间能够取得较好的平衡，是许多投资者特别是中等风险承受能力的投资者常选的一类基金。

混合型基金可以根据不同的投资目标和策略分为多种类型。例如，股票型混合基金主要投资于股票市场，辅以少量债券和货币市场工具，以追求资本增值。债券型混合基金则主要投资于债券市场，兼顾收益和安全性。平衡型混合基金则在股票与债券之间进行相对均衡的配置，目标是在风险控制的基础上实现稳健增长。投资者在选择混合型基金时，应根据自身的风险偏好和投资目标来进行合理配置。

混合型基金的基金经理在投资决策中具有较大的自主权，可以根据市场环境的变化进行灵活调整。这种灵活性有助于基金在不同市场条件下实现相对较好的表现，但也对基金经理的投资能力提出了较高的要求。因此，投资者在选择混合型基金时，除了关注基金的历史业绩和费用率外，还应重点考察基金经理的管理能力和过往的投资记录。

四、基金组合构建与风险管理

（一）基金组合的构建原则

基金组合的构建原则在财富管理中占据至关重要的位置，其核心目标在于通过科学的资产配置，实现风险与收益的最佳平衡。通过合理的基金组合构建，不仅可以分散风险，降低单一资产波动对整体投资的影响，还能够优化投资收益，提升投资组合的整体表现。

多元化原则是基金组合构建的基本理念。在构建投资组合时，选择不同类型和不同市场的基金能够有效分散投资风险。通过配置股票型基金、债券型基金、货币市场基金和混合型基金等多种基金类型，可以在不同的经济周期中实现风险对冲，增强投资组合的稳定性。例如，股票型基金在经济上行期可能表现优异，而债券型基金在经济下行期则能提供较好的风险保护。

投资者的风险承受能力与投资目标是构建基金组合时必须考虑的重要因素。根据投资者的年龄、收入水平、财务状况及风险偏好，选择适合的基金类型和比例是至关重要的。年轻的投资者由于具有较长的投资期限和较高的风险承受能力，可以更多地配置股票型基金，而年长的投资者则倾向于选择风险较低的债券型基金或货币市场基金。这种量身定制的基金组合可以更好地满足投资者的个性化需求。

基金组合的构建并非一成不变，动态调整是其关键环节。市场环境和经济形势的变化会影响基金的表现，投资者应定期对基金组合进行评估和调整，以确保组合的风险与收益匹配投资者的预期。动态调整不仅能规避市场风险，还能抓住市场机会，提升投资组合的灵活性和收益性。例如，市场出现大幅波动时，及时调整基金配置比例可以有效降低潜在损失。

（二）基金组合的动态调整

基金组合的动态调整在财富管理中起着至关重要的作用，目的是通过不断优化投资组合，使其在各种市场环境下都能够保持最佳表现。动态调整的核心在于对市场变化的及时反应以及对基金组合的灵活管理，从而实现风险与收益的平衡。

动态调整依赖于深入的市场分析和预测。投资者需要密切关注宏观经济环境、行业发展趋势和市场波动等因素，并利用各类分析工具和数据模型，进行全面的市场研究。通过这些分析，投资者可以识别市场中潜在的风险和机会，并据此对基金组合进行适时调整，以规避风险和捕捉收益。

高度的灵活性和敏锐的判断力是动态调整不可或缺的素质。在市场出现剧烈波动或重大事件时，投资者需要迅速作出反应，调整基金的配置比例。例如，当市场预期利率上升时，投资者可能需要减少对债券基金的配置，转而增加对股票基金或货币市场基金的投资。动态调整不仅限于基金种类的调整，还包括对具体基金产品的选择与更换，以便更好地适应市场变化。

在动态调整过程中，投资者的风险承受能力和投资目标也必须得到充分考虑。每位投资者的风险偏好和财务状况各不相同，调整策略需要在保障收益的同时，将风险控制在可接受的范围内。因此，在进行动态调整时，投资者应结合自身的风险承受能力和长期投资目标，制定相应的调整策略，确保投资组合既能实现预期收益，又不过度暴露于市场风险之中。

（三）基金组合的风险管理

基金组合的风险管理是财富管理中的核心环节。有效的风险管理不仅能减小投资组合的波动性，还能在市场波动中保护投资者的资产。通过识别和量化风险，投资者可以更好地了解基金组合的风险特征，从而采取相应的管理措施。识别和量化风险是风险管理的首要任务。投资者需要使用多种风险评估工具，如标准差、贝塔系数、夏普比率等，来分析基金组合的波动性及其相对于市场的风险水平。标准差可以衡量基金回报的波动性，贝塔系数则可以评估基金相对于市场的系统性风险，而夏普比率则可以衡量基金在承担风险的情况下所获得的回报。

风险分散是基金组合风险管理的重要策略之一。分散投资意味着将资金分配到不同类型的基金中，如股票型基金、债券型基金、货币市场基金等。这种策略能够有效降低单一市场或资产类别波动对整体组合的影响，从而提高基金组合的稳定性。分散投资还应考虑地域和行业的多样性，避免将所有资金集中于某一特定市场或行业，以减少系统性风险。通过分散投资，投资者可以在多个市场和行业中寻找投资机会，从而实现风险和收益的平衡。

动态调整是基金组合风险管理的另一个重要手段。市场环境和经济形势不断变化，投资者需要根据市场变化适时调整基金组合的构成。例如，在市场风险增加时，可以增加债券型基金的比例，以降低整体组合的风险；在市场趋于稳定时，可以适当增加股票型基金的比例，以争取更高的收益。动态调整不仅可以帮助投资者更好地应对市场波动，还能在不同市场环境下实现投资目标。通过定期评估和调整基金组合，投资者可以保持投资策略的灵活性和适应性。

风险管理还需要借助专业的风险管理工具和技术。借助如在险价值（VaR）、条件在险价值（CVaR）等先进的风险管理方法，投资者可以更精确地评估潜在的风险暴露，并采取相应的管理措施。利用金融工程和计算机技术，投资者还可以进行复杂的情景分析和压力测试，预测在极端市场条件下的基金组合表现，以提前做好风险预案。通过这些专业工具，投资者能够更科学地进行基金组合的风险管理，从而实现财富的长期稳健增长。

第四章　财富管理的资产配置

第一节　资产配置的基本概念

一、资产配置的定义与内涵

（一）定义

资产配置是财富管理中的一个核心概念，指的是在不同类别的资产之间进行分配，以实现投资组合的优化和平衡。通过合理的资产配置，投资者可以在不同的市场条件下获得相对稳定的收益，并在一定程度上规避市场波动带来的风险。资产配置不是简单的分散投资，而是通过科学的方法和策略，优化投资组合的结构，达到预期的财务目标。资产配置的核心在于根据投资者的风险承受能力、投资期限和财务目标，在股票、债券、房地产、现金及其他金融工具之间进行合理分配。通过这样的分配，投资者能够在多变的市场环境中保持投资组合的稳定性和增长潜力。

（一）内涵

资产配置的内涵涉及多种资产类别的合理分配，包括股票、债券、房地产、现金及其他金融工具。股票作为高风险高收益的资产，适合风险承受能力较强的投资者，而债券则因其相对稳定的收益和较低的风险，成为保守型投资者的首选。房地产作为一种实物资产，具有保值和增值的功能，在投资组合中起到分散风险的作用。现金虽然收益较低，但具备高度的流动性，能够在市场出现波动时提供及时的应急保障。这些资产类别的合理分配，可以在控制整体投资风险的同时，最大化投资收益。通过将资金分配到不同的资产类别，投资者可以利用各类资产的不同特性和市场表现，在一定程度上平衡风险和回报。

资产配置的重要性在于它能够有效平衡风险与收益，帮助投资者实现长期的财务目标。在市场环境不断变化的背景下，单一资产类别的投资可能会面临较大的不确定性和波动风险。而通过资产配置，投资者可以利用不同资产类别之间的低相关性，降低整体投资组合的波动性。同时，资产配置还能帮助投资者在市场低迷时保持一定的收益水平，在市场繁荣时充分分享市场增长的红利。因此，科学的资产配置策略是实现财富增值和财务安全的重要保障。通过合理的资产配置，投资者可以在不同的市场周期中保持投资组合的稳健性和持续增长，避免因单一资产类别的巨大波动而导致的严重损失。

不同的投资者由于其风险承受能力、投资期限和财务目标的不同，其资产配置策略也会有所差异。一些常见的资产配置策略包括基于年龄的生命周期策略、基于市场时机的动态资产配置策略以及基于风险承受能力的风险平价策略。生命周期策略根据投资者的年龄和生命周期阶段，动态调整股票和债券的配比；动态资产配置策略则依据市场的宏观经济环境和市场趋势，灵活调整资产比例；风险平价策略通过均衡各类资产的风险贡献，达到优化组合风险的目的。这些策略的灵活应用，可以帮助投资者在不同的市场环境下，始终保持合理的资产配置，保障投资目标的实现。每种策略都有其独特的应用场景和适用人群，投资者需要根据自身的具体情况，选择合适的资产配置策略，以实现最佳的投资效果。

二、资产配置的目标与作用

（一）目标

投资是一门复杂的艺术，如何在风险与收益之间找到最佳平衡点，是每位投资者都必须面对的核心问题。多样化投资作为资产配置中至关重要的策略，旨在通过持有不同类型的资产来规避单一资产可能带来的风险，增加整体投资组合的稳定性和回报率。其核心在于通过科学合理的资产配置，降低单一资产的波动性，从而减少整体投资组合的风险。

单一资产的波动性常常较大，且受特定市场环境或事件的影响较大，容易导致投资者遭受重大损失。例如，一家公司发布了一份糟糕的财报，可能导致其股价大幅下跌，持有该公司股票的投资者将面临巨大的损失。而通过多样化投资，投资者可以将资金分散在不同的资产类别，如股票、债券、房地产和商品等，这样即使某一类资产表现不佳，其他资产的良好表现可以起到平衡作用，从而降低了整体投资组合的风险。例如，在经济扩张期，股票类资产通常表现较好，而在经济衰退期，债券类资产的表现可能更为出色。通过适当的资产配置，投资者可以在不同的经济环境中都获得相对较高的回报率，从而实现长期的财富增值。

多样化投资不仅可以分散风险，还能提高投资组合的稳定性。不同资产类别在不同的经济周期中表现各异，通过科学合理的资产配置，可以捕捉到各类资产在其最佳时期的收益。这样，即使某一类资产在某一段时间内表现不佳，其他资产的良好表现可以起到平衡作用，使得整体投资组合的波动性降低，表现更加稳健。例如，股票市场在某一段时间内可能会因为某些宏观经济因素或政策变化而出现剧烈波动，而债券市场可能相对稳定，通过在投资组合中增加债券的比例，可以有效降低股票市场波动对投资组合的影响。

然而，多样化投资并非意味着盲目地分散投资，而是需要通过科学的分析和合理的规划，找到不同资产类别之间的最佳组合。投资者需要根据自身的风险承受能力、投资目标和市场环境等因素，制订出适合自己的资产配置方案。通过精细化的资产配置，投资者能够在实现自身财务目标的同时，获得与其风险承受能力相匹配的投资回报。

（二）作用

资产配置的主要作用在于提高投资组合的风险调整后回报。风险调整后回报是评估投资绩效的重要指标，通常以夏普比率等形式体现。夏普比率是衡量单位风险下获取超额收益的指标，通过多样化投资和科学的资产配置，投资者可以在同等风险水平下获得更高的回报，或者在相同回报水平下承担更小的风险。例如，一个投资组合的夏普比率较高，意味着该投资组合在承担一定风险的情况下，能够获得更高的回报。这不仅提高了投资组合的效率，也使得投资者在面对市场波动时更加从容。

缓冲市场波动是资产配置的另一重要作用。金融市场固有的波动性和不可预测性，常常给投资者带来较大的心理压力和财务风险。通过资产配置，将资金分散于不同的资产类别和地域市场，可以有效缓解单一市场剧烈波动对投资组合的冲击。例如，某一市场在出现剧烈下跌时，其他市场或资产类别的稳定表现可以起到平衡作用，从而降低整体投资组合的波动性。这样，投资者在面对市场波动时能够更加从容，避免因短期市场波动而作出不理性的投资决策，从而保持长期的投资策略和信心。

资产配置还能够满足不同投资者的财务目标和风险承受能力。每位投资者的财务状况、投资目标和风险承受能力各不相同，通过资产配置，可以为不同类型的投资者量身定制适合其需求的投资方案。对于风险偏好较低的投资者，可以选择配置更多的固定收益类资产，如债券和存款，以获得稳定的收益和较低的风险。而对于风险偏好较高的投资者，则可以配置更多的高增长潜力资产，如股票和房地产，以追求更高的长期回报。通过精细化的资产配置，投资者能够在实现自身财务目标的同时，获得与其风险承受能力相匹配的投资回报。

三、资产配置的基本原则

（一）多样化原则

在现代财富管理中，多样化原则旨在通过将资金分散投资于不同类别的资产，以有效降低个别资产的风险。这一原则的核心思想是避免“把所有鸡蛋放在一个篮子里”，以减少因单一资产或市场波动对整体资产所带来的不利影响。多样化的方式可以涵盖多个层面，包括资产类别和地域分布。投资者可以选择股票、债券、房地产和现金等不同类别的资产，同时在各个类别内部进一步细分，例如在股票投资中选择不同国家、不同行业的股票。

通过这种分散投资的方法，投资者能够在不同市场环境下实现收益的稳定性和风险的控制。假设某一特定行业或国家的市场出现下跌，而其他行业或国家的市场表现良好，这种分散投资的策略可以在一定程度上抵消部分损失，从而保护总体投资组合的价值。此外，在不同的经济周期中，不同资产类别的表现往往存在较大的差异。例如，在经济繁荣时期，股票可能表现出色，而在经济衰退时期，债券和现金可能表现得更加稳定。因此，通过多样化的投资组合，投资者可以在各种经济条件下更好地平衡收益和风险。

多样化还可以帮助投资者避免系统性风险，即影响整个市场或特定行业的风险。例如，某一行业的监管政策变化可能导致该行业所有公司的股票价格下跌，而多样化的投资组合可以通过持有其他行业的股票来减轻这种影响。此外，全球化的投资策略也可以通过投资于不同国家的市场，来分散地缘政治风险和货币风险。

在财富管理实践中，多样化原则不仅限于资产类别的分散，还涉及投资工具的选择。投资者可以通过直接购买个股或债券，或者选择投资基金、指数基金和交易所交易基金（ETF）等方式集合投资工具。这些工具本身就具有一定的多样化特性，可以进一步降低个别资产的风险。

（二）风险平衡原则

风险平衡原则强调根据投资者的风险承受能力，合理分配高风险和低风险资产的比例。这一原则的核心在于每个投资者的风险偏好和承受能力是不同的，这取决于其财务状况、投资目标、年龄和其他个人因素。因此，在进行资产配置时，需要通过专业的风险评估工具和方法，确定投资者的风险承受能力，并据此制定相应的投资策略。

高风险资产如股票和高收益债券，虽然潜在收益较高，但是伴随着较大的波动性和不确定性。低风险资产如政府债券和货币市场工具，虽然收益较低，但相对稳定，具有较低的波动性。通过合理的风险平衡，可以在实现投资目标的同时，将风险控制在投资者可接受的范围内。

风险平衡不仅涉及资产类别的选择，还包括在不同市场条件下的动态调整。例如，在市场波动较大时，投资者可以适当增加低风险资产的配置，以降低整体投资组合的波动性。而在市场表现较好时，可以适当增加高风险资产的比例，以追求更高的收益。此外，风险平衡还需要考虑到投资者的财务目标和时间跨度。短期投资目标可能需要更多的低风险资产，而长期投资目标则可以承受更多的高风险资产。

通过合理的风险平衡，投资者可以在实现财务目标的同时，有效控制风险。这不仅有助于提高投资者的信心，还可以在一定程度上避免因市场波动导致的情绪化决策。总之，风险平衡原则是一种科学的资产配置方法，能够帮助投资者根据其风险承受能力，合理分配高风险和低风险资产的比例，实现长期稳定的投资回报。

（三）动态调整原则

动态调整原则指出，资产配置并非一成不变，而是需要根据市场变化和投资目标的调整，定期重新平衡资产配置。市场环境是动态变化的，投资者的财务状况和目标也会随时间发生变化，因此，定期检视和调整投资组合显得尤为重要。例如，市场波动可能导致资产比例发生偏移，原先设定的高低风险资产比例可能被打破，此时需要通过买入卖出操作，重新调整回原定比例。

动态调整还包括根据投资者的生命周期和财务目标的变化，适时调整资产配置。随着投资者年龄的增长、收入的变化和家庭状况的改变，其风险承受能力和投资目标也会发生变化。年轻时可以更多地投资于高风险、高回报的资产，而随着年龄的增长和接近退休，可能需要更多的低风险、稳定收益的资产。这种动态调整可以确保投资组合始终符合投资者的风险承受能力和财务目标，最大化长期回报。

动态调整还可以应对市场的不确定性和突发事件。例如，金融危机、经济衰退、政策变化等突发事件可能对市场产生重大影响，此时及时调整投资组合，可以有效规避风险或抓住机会。投资者可以通过定期检视和调整资产配置，确保投资组合的灵活性和适应性。在实际操作中，动态调整可以通过定期（如每季度、每半年或每年）进行，也可以根据市场变化和个人情况不定期进行调整。定期检视不仅有助于及时发现和纠正偏差，还可以帮助投资者保持对市场和自身财务状况的清晰认识，从而作出更为理性的投资决策。

第二节 资产配置的方法与模型

一、资产配置的经典模型介绍

（一）均值方差模型

均值方差模型（MeanVariance Model）是现代投资组合理论的重要基石，由哈里·马科维茨在20世纪50年代提出。该模型的核心思想是通过计算每种资产的预期收益和方差，并分析它们之间的协方差，最终构建出一种在给定风险水平下收益最大的投资组合。具体来说，投资者可以在所有可能的资产组合中，找到一个既能满足预期收益要求，又能够将风险最小化的组合。在数学上，这个问题通过优化求解来解决，即在给定约束条件下，利用拉格朗日乘数法找到最优解。

均值方差模型的应用主要针对那些希望在控制风险的前提下，最大化投资收益的投资者。对于风险厌恶型投资者来说，该模型提供了一种系统化的方式来评估不同资产的组合效应，从而避免了单一资产投资的高风险。通过分散投资，投资者可以利用资产之间的协同效应来降低整体投资组合的风险。因此，该模型广泛应用于机构投资者和高净值个人投资者的资产配置策略中。

在实际操作中，均值方差模型面临一些挑战和局限。例如，该模型假设资产收益服从正态分布，但实际上市场收益可能存在偏态和峰态。此外，模型对输入参数（如预期收益、方差和协方差）的准确性非常敏感，任何输入参数的误差都可能显著影响最终的资产配置结果。为了应对这些挑战，投资者通常会结合其他分析模型和方法，如情景分析、蒙特卡罗模拟等，以提高资产配置决策的稳健性。

（二）资本资产定价模型

资本资产定价模型（Capital Asset Pricing Model，CAPM）是现代金融理论中的重要组成部分，用于确定资产的预期收益率。CAPM 通过计算资产的系统性风险，即 β 值，来评估该资产相对于市场整体的波动性和风险水平。β 值反映了资产收益相对于市场收益的敏感度，可以理解为资产相对于市场的风险系数。β 值为 1 意味着资产与市场波动一致，β 值大于 1 表示资产波动性高于市场，β 值小于 1 则表示资产波动性低于市场。CAPM 公式通常表示为：预期收益率 = 无风险收益率 + β 值 ×（市场预期收益率－无风险收益率）。这个公式不仅为投资者提供了一个评估资产合理定价的框架，还揭示了风险与收益之间的关系。

在财富管理中，CAPM 被广泛用于评估资产的合理定价和风险补偿。通过 CAPM，投资者可以确定某一特定资产在风险调整后的预期收益率是否合理定价。当某一资产的实际市场价格低于通过 CAPM 计算出的合理价格时，该资产被认为是被低估的，具有投资价值；反之，则可能被高估。CAPM 还帮助投资者构建优化的资产组合。通过评估不同资产的 β 值，投资者可以在风险与收益之间进行权衡，选择那些在承担特定风险水平下能提供最高预期收益率的资产，从而实现财富的有效管理与增值。

尽管 CAPM 在理论和实践中都具有重要价值，但也存在一些局限性。CAPM 假设市场是完全有效的，所有信息即时反映在资产价格中，然而在现实市场中，信息不对称和市场效率问题常常存在。CAPM 仅考虑了系统性风险，而忽略了非系统性风险，这在实际投资中可能导致风险评估的不全面。CAPM 中的市场预期收益率和无风险收益率等参数难以准确估计，可能影响模型的应用效果。为了克服这些局限性，学者们提出了一些改进模型，如 Fama French 三因子模型，它在 CAPM 的基础上引入了规模效应和账面市值比效应，提供了更为全面的风险评估框架。

（三）套利定价理论

套利定价理论（Arbitrage Pricing Theory，APT）是一种通过多因子模型解释资产价格变化的理论。与单一市场风险因素的资本资产定价模型不同，APT 假设市场的风险因素是多元的。APT 认为，资产的收益率不仅受到市场组合的影响，还会受到多个经济因素或风险因子的影响。这些因子可能包括宏观经济变量，如通货膨胀率、利率变化、GDP 增长率等，也可能包括行业特定的风险因素。APT 的核心在于通过这些多因子模型，能够更精确地捕捉资产价格的变化，从而为投资者提供更具针对性的风险评估工具。APT 模型的基本假设是，市场是有效的，存在无套利机会。即在没有承担额外风险的情况下，投资者不可能通过套利获得超额收益。基于这一假设，APT 通过数学模型将资产的预期收益表示为多个风险因子的线性组合。具体来说，资产的预期收益可以表示为各个因子的风险溢价加上无风险利率的总和。通过这种方式，APT 为资产定价提供了一个更灵活且精细的框架，使得投资者能够更准确地评估各种经济因素对资产价格的影响。

在财富管理中，套利定价理论广泛应用于多元化投资组合的风险评估和定价。APT 通过考虑多个风险因素，能够帮助投资者更全面地了解资产价格的波动性，从而制定更有效的投资策略。在实际操作中，投资经理可以借助 APT 模型来识别和量化投资组合中的各种风险因素，并通过调整持仓比例来优化投资组合的风险收益特性。例如，某些资产可能对利率变化敏感，而另一些资产可能对通货膨胀率波动敏感，通过 APT 模型，投资经理可以精确识别这些风险因素并进行相应的投资调整。APT 在定价新发行的金融工具时也具有重要的应用价值。例如，在新股发行（IPO）中，投资银行可以利用 APT 模型评估新股的合理定价，考虑到市场上所有相关的风险因素，从而为投资者提供更具参考价值的定价信息。同样，在债券市场中，APT 模型可用于评估不同信用等级债券的定价，考虑到信用风险、利率风险和市场流动性等多个因素。通过这种多因子分析，APT 能够为财富管理提供更为精细化和科学化的风险定价工具，提升投资决策的准确性和有效性。

二、现代资产组合理论的应用

（一）有效前沿理论

现代资产组合理论（Modern Portfolio Theory，MPT）是一种数学框架，旨在通过构建不同资产类别的投资组合，优化风险和收益的关系。该理论的核心在于，通过合理配置资产，可以在给定的风险水平下，实现收益的最大化。有效前沿（Efficient Frontier）是MPT中的一个关键概念，表示在给定风险水平下，收益最高的投资组合集合。有效前沿的计算通常采用均值方差分析法，通过比较不同资产组合的预期收益和标准差，找到那些既能提供最高收益，又能控制在可接受风险范围内的组合。

现代资产组合理论在实际应用中，通过几个步骤帮助投资者实现最优投资组合的构建。投资者需要确定其风险承受能力和投资目标，这包括设定预期收益水平和可以接受的风险范围。接着，需要收集和分析各种资产类别的历史数据，包括预期收益率、波动性（标准差）以及资产之间的相关性。通过这些数据，可以构建不同的资产组合，并计算每个组合的预期收益和风险水平。

利用均值方差优化方法，可以绘制出一条有效前沿曲线。有效前沿上的每一个点都代表一个最优的资产组合，即在给定风险水平下，预期收益最高的组合。投资者可以根据自己的风险偏好，选择位于有效前沿上的某个投资组合，从而实现风险和收益的最佳匹配。这种方法不仅帮助投资者在不同市场环境下作出科学的投资决策，还能在长期投资中实现财富的稳健增长。

在实际操作中，投资者还需要定期监控和调整投资组合，以应对市场环境的变化和资产表现的波动。这包括重新评估资产的预期收益和风险，调整资产配置比例，以保持投资组合的最优状态。通过不断优化和调整，投资者可以更好地实现财富管理目标，最大限度地提升投资收益，同时有效控制投资风险。

（二）夏普比率

在财富管理中，衡量投资组合的绩效和风险是一个复杂而关键的任务。夏普比率作为由诺贝尔经济学奖得主威廉·夏普（William F. Sharpe）提出的重要指标，为投资者提供了一种评估投资组合单位风险收益的有效工具。这个指标具体计算每单位风险下，投资组合所获得的超额收益，其计算公式为：夏普

比率 =（投资组合的预期收益率－无风险收益率）÷ 投资组合的标准差。通过这一公式，投资者能够准确衡量投资组合的风险调整后收益。

夏普比率在比较不同投资组合的绩效时，具有广泛的应用价值。通过计算夏普比率，投资者可以判断哪一个投资组合在承担相同风险水平下，能够提供更高的超额收益。这个指标不仅适用于股票投资，还可以扩展到债券、基金以及混合型投资组合等多种资产类别，从而为投资者提供全面、客观的绩效评估工具。这种多样化的应用使得夏普比率成为财富管理中不可或缺的指标。

在优化投资组合的构建过程中，夏普比率也发挥了重要作用。投资者可以通过最大化夏普比率来选择最优的资产组合，以实现风险调整后的最佳收益。这个过程通常涉及对不同资产类别的预期收益、风险（即标准差）以及各资产之间的相关性进行详细分析和建模，从而找到最优的资产配置比例。通过这种优化过程，投资者能够在复杂的市场环境中作出更科学、更合理的投资决策。

动态调整投资策略是夏普比率的另一个重要应用。市场环境和经济周期的变化会影响各类资产的风险和收益特征。通过定期计算和监控投资组合的夏普比率，投资者可以及时调整资产配置，以适应市场变化并优化投资绩效。这种动态调整不仅有助于提升投资组合的长期回报，还能有效降低投资风险，提供更为稳健的财富管理方案。

（三）多因子模型

多因子模型旨在通过多个因子来解释资产收益的变化。常见的因子包括市场因子、价值因子和规模因子等。市场因子反映了整个市场的系统性风险，价值因子和规模因子则分别反映了股票的基本面特征和公司规模的影响。通过对不同因子的权重进行有效配置，多因子模型能够捕捉不同来源的收益，从而提供比单一因子模型更为全面和准确的风险收益分析。

在资产定价方面，多因子模型被广泛应用于估计股票的预期收益。通过引入多个因子，投资者可以更好地理解和预测资产的价格波动。例如，Fama French 三因子模型引入了市场因子、规模因子和价值因子，对传统的资本资产定价模型进行了扩展。利用这种模型，投资者可以更准确地评估不同类型股票的风险和收益特征，从而作出更为合理的投资决策。

在风险评估中，多因子模型同样具有重要作用。通过分析多个因子的影响，投资者可以更全面地识别和量化投资组合中的各种风险来源。这不仅有助于提高风险管理的精度，还能够帮助投资者在市场出现异常波动时采取更为有效的应对策略。例如，在评估一个投资组合的风险时，除了市场风险外，还需要考虑价值因子和规模因子的风险敞口，多因子模型可以精确计算这些风险的综合影响。

在投资组合优化方面，多因子模型提供了一个系统化的方法来选择和配置资产。通过对多个因子的分析，投资者可以识别那些能够提供超额收益的因子组合，并根据这些因子来调整投资组合的权重。例如，某些因子可能在特定的市场环境中表现优异，投资者可以通过调整投资组合中的相应权重来提高整体收益率。同时，多因子模型还可以帮助投资者在不同的市场周期中进行动态调整，以适应市场的变化和发展。

三、目标日期基金与生命周期策略

（一）目标日期基金概述

目标日期基金是一种专为退休规划而设计的投资工具，其独特之处在于根据投资者预期的退休年份自动调整资产配置比例。随着目标日期的临近，基金会逐渐从高风险的股票投资转向低风险的债券和货币市场工具。这种机制旨在适应投资者在不同人生阶段的风险承受能力和收益需求变化，帮助他们在长期内实现财富增值，并在接近退休时有效降低投资组合的波动性和风险。

这种基金特别适合那些希望简化投资决策的退休规划者。目标日期基金提供了一种“一站式”的投资解决方案，投资者无须频繁调整投资组合，即可在专业管理下实现资产配置的动态调整。对于缺乏投资经验或时间的人来说，这种基金提供了一种便捷且相对安全的投资途径，使他们能够在复杂的市场环境中获得专业管理的优势。

目标日期基金的费用结构和透明度也是其一大亮点。大多数目标日期基金的费用相对合理，基金管理公司通常会提供清晰的费用信息和投资策略说明。这样的透明度使得投资者能够更好地理解其投资组合的构成和管理方式，从而作出更加明智的投资决策。通过选择适合自己预期退休年份的目标日期基金，投资者可以更有效地规划和管理自己的退休储蓄。

（二）生命周期投资策略

生命周期投资策略是一种根据投资者在不同生命周期阶段的变化来调整资产配置的方法。其核心理念是随着投资者年龄的增长和财务状况的变化，逐步减少高风险资产的比例，以降低整体投资组合的波动性和风险。在投资者较年轻时，通常会配置较高比例的股票和其他高风险高收益资产，以期在长期内获得更高的回报。而在投资者接近退休年龄时，则逐步增加债券等低风险资产的比例。这种策略通过动态调整资产配置，旨在帮助投资者在不同人生阶段实现最佳的风险与收益匹配。

生命周期投资策略在实际应用中展现了显著的优势，特别是在应对投资者不同生命阶段的财务需求和风险承受能力方面。年轻投资者通常拥有较长的投资时间，可以承受市场的波动，因此适合选择高风险高收益的投资产品如股票和成长型基金，以期在长期内获得较高回报。随着年龄的增长，投资者的风险承受能力逐渐下降，特别是在接近退休年龄时，更倾向于选择风险较低、收益稳定的产品如债券和货币市场基金，以保护已经积累的财富。

生命周期投资策略的应用不仅考虑到投资者的年龄，还需结合其财务目标、收入水平和支出需求等多方面因素。例如，年轻投资者可能有较高的收入增长预期和较低的家庭支出压力，因此可以将更多资金投入高风险资产。中年投资者则可能面临子女教育和购房等较大支出，需要适当降低投资组合的风险。退休后，投资者主要关注如何在保证本金安全的前提下，实现稳健的收益，以满足日常生活开支和医疗费用等需求。

通过目标日期基金（Target Date Fund）等金融工具，生命周期投资策略得以更为便捷地实现。这类基金根据预定的目标日期，自动调整资产配置比例，使投资者无须频繁进行投资组合的调整。例如，选择目标日期为 2040 年的基金，在初期会配置较高比例的股票，随着时间的推移，逐步增加债券等低风险资产的比例，最终在接近 2040 年时达到最保守的配置状态。自动化的调整机制使得生命周期投资策略更加便捷和高效，适合大多数普通投资者使用。

（三）生命周期基金的应用

生命周期基金是一种动态资产配置策略，其核心特点在于根据投资者的年龄和目标日期自动调整投资组合的风险和收益结构。这类基金在投资者较为年轻时倾向于持有较高比例的股票等高风险高收益资产，旨在利用时间优势获取最大化的增长。随着投资者年龄的增长及目标日期的临近，基金逐步增加债券等低风险低收益资产的比例，以降低整体风险。这一自动调整机制旨在最大化投资者在不同生命周期阶段的收益，同时控制相应的风险水平，从而实现其长期财务目标。

生命周期基金的策略特别适合那些没有时间或专业知识来频繁调整投资组合的投资者。通过预设的资产配置路径，生命周期基金能够在不同市场环境下保持适当的风险暴露，确保投资组合的稳定性和收益率。投资者只需选择一个与其目标日期相匹配的基金，剩下的工作便交由基金管理人完成。这种特性使其成为一种“懒人投资”的理想选择，简化了投资决策过程并提供了专业的资产管理服务。

生命周期基金在退休规划中具有广泛的应用价值。投资者可以通过选择一个与其预期退休日期相对应的生命周期基金，确保在退休前后的不同阶段拥有合适的风险与收益配置。年轻时，基金会更多地投资于股票市场，以期获取较高的增长；临近退休时，基金则会逐渐增加债券和其他固定收益资产的比例，以降低风险并提供更稳定的收入来源。这种动态调整机制使得生命周期基金成为退休规划中的重要工具。

四、动态资产配置模型的设计与应用

（一）动态资产配置的概念

动态资产配置是一种灵活的投资策略，旨在根据市场变化和投资者需求，定期调整资产配置比例。其核心在于适应性和灵活性，使得投资组合能够及时响应市场波动和投资目标的变化，从而在不同的市场环境中保持较高的收益与风险平衡。这一策略不是简单的资产再平衡，更强调对市场走势的前瞻性分析和投资者目标的动态调整。

在市场上行时，动态资产配置可能会增加高风险、高收益资产的比重，而在市场下行时，则会增加低风险资产的比重，以保护投资组合的整体价值。通过这种方式，动态资产配置不仅可以最大化收益，还能有效控制风险。其目的是通过不断评估和调整，使得资产配置始终处于最优状态，以应对市场的不确定性和投资者需求的变化。

在实际应用中，动态资产配置需要依赖于一系列复杂的模型和算法，这些模型综合考虑了市场数据、经济指标和投资者行为等因素。通过这些模型，投资者可以制定出科学合理的资产配置策略，并在市场环境发生变化时，迅速作出调整。例如，在经济增长预期较高时，模型可能建议增加股票或高收益债券的配置比例；而在经济衰退预期较强时，模型则可能建议增加现金或国债的配置比例。

动态资产配置的实施还依赖于投资者对市场的深刻理解和对自身投资目标的清晰认识。投资者需要保持高度的市场敏感度，及时获取和分析市场信息，并根据自身的风险承受能力和投资目标灵活调整资产配置比例。只有在科学分析和灵活应对的基础上，动态资产配置才能真正发挥其应有的效果，帮助投资者在复杂多变的市场环境中实现财富的稳步增长。

（二）动态资产配置模型的设计

在现代金融环境下，设计灵活调整的资产配置模型是实现投资目标的关键。这个过程需要综合考虑市场预测、风险评估和投资目标三个核心原则。市场预测是模型设计的核心要素，通过对宏观经济环境、行业趋势和市场情绪的全面分析，预测未来的市场走向。市场预测不仅包括对股票、债券、商品等传统资产类别的前景评估，还需要涵盖对新兴市场和替代投资工具的潜在机会和风险的判断。准确的市场预测能够帮助投资者在市场波动中找到最佳的投资机会，从而实现更高的收益。

风险评估是动态资产配置模型设计的另一个关键环节。投资者的风险承受能力和风险偏好差异非常大，因此需要通过科学的风险评估工具和方法，量化投资组合的潜在风险。风险评估不仅要考虑历史数据和波动性，还应结合情景分析和压力测试，以确保在各种市场环境下，投资组合的风险水平能够被有效控制。通过对潜在风险的全面分析，投资者可以在市场波动时采取适当的对策，避免不必要的损失。

投资目标是动态资产配置模型设计的最终指引。不同投资者的目标可能包括资本增值、收入稳定、风险对冲等。模型设计时应充分考虑这些目标，并通过资产配置策略的调整，最大化实现投资者的目标。例如，年轻的投资者可能更关注长期资本增值，可以配置更多的高风险高回报资产；而即将退休的投资者则可能更倾向于稳定收益和低波动资产。通过明确的投资目标，投资者可以在不同的市场条件下灵活调整资产配置，实现最大的投资回报。

动态资产配置模型在实际应用中需要定期或不定期进行调整，以应对市场变化和投资者需求的变化。通过技术手段和数据分析，及时捕捉市场信号，调整资产配置比例，确保投资组合始终处于最佳状态。这一过程中，模型的灵活性和可调整性至关重要，可以通过设置阈值、警戒线和自动调整机制，实现资产配置的动态优化。模型的灵活调整能力让投资者可以在市场不确定性中保持优势，持续实现投资目标。

（三）动态资产配置模型的应用

在现代财富管理中，利用量化模型和人工智能技术进行动态资产配置已成为一种重要的实践方法。这些技术通过大量的数据分析和复杂的算法，能够实时监测市场变化，并根据不同的市场情景调整投资组合。量化模型可以通过历史数据和统计分析，预测市场趋势和资产价格波动，帮助投资者在最佳时机买入或卖出资产，从而实现收益最大化和风险最小化。

人工智能（AI）技术的应用则更进一步。通过机器学习和深度学习技术，AI系统能够自主学习和适应市场变化，逐步优化投资策略。例如，AI可以分析全球各地的新闻、财务报表、市场情绪等非结构化数据，从而更全面地评估市场风险和机会。这样，投资组合不仅能够动态调整，还能更具前瞻性地应对未知的市场变化。

在具体案例中，一些大型投资机构已经成功应用了这些技术。例如，某知名对冲基金通过量化模型和AI技术，实现了在金融危机期间依然保持正收益的目标。该基金的成功在于其量化模型能够准确预测市场下行风险，而AI技术则帮助其在危机到来前迅速调整投资组合，从而有效规避了大部分损失。

动态资产配置模型的核心优势在于其灵活性和适应性。传统的资产配置方法往往依赖于固定的配置比例，难以迅速应对市场的剧烈波动。而动态资产配置模型则能够根据市场的实时变化，灵活调整资产配置比例，从而更好地应对市场的不确定性。

这种灵活性不仅提高了投资组合的稳定性，还有效地提高了回报率。在市场上涨时，动态模型能够及时增加风险资产的配置比例，抓住市场机会；在市场下跌时，则能迅速减仓，保护投资组合的本金。长期来看，这种动态调整的策略能够在降低波动率的同时，实现更高的复合回报率。

第三节　不同资产类别的配置比例

一、股票类资产配置比例

（一）股票类资产的特点

股票类资产在财富管理中占据了独特而重要的位置。它们以高收益潜力吸引着众多投资者，但同时也伴随着较高的市场波动风险。投资股票需要面对价格波动的频繁性和幅度，这种波动源于诸多因素，如经济状况、公司业绩、政策变动以及全球事件。这些因素可能导致股票价格的大幅波动，因此，对于风险承受能力较弱的投资者，股票类资产可能并不适合。然而，对于愿意承担较高风险以追求较大回报的投资者，股票类资产无疑提供了一个增值的机会。合理的股票配置不仅能为投资组合带来潜在的高收益，还能通过分散投资来降低整体风险。投资者需要根据自身的风险承受能力、投资目标以及市场状况，制定科学的股票配置比例，以实现收益与风险的平衡。通过深入分析股票市场的波动性和影响因素，投资者可以更好地判断何时增持或减持股票，从而优化投资组合的表现。

股票类资产在长期投资中展现出较强的增值能力，能够有效抵抗通货膨胀。历史数据显示，尽管股票市场在短期内波动剧烈，但长期来看，股票收益通常能超过通货膨胀率，提供实质性的财富增长。长期投资者可以通过持有优质股票，实现资产的保值和增值。选择股票类资产进行长期投资时，投资者应注重选股的质量和公司的基本面分析。优秀的公司具有持续盈利能力和良好的成长前景，这些公司的股票在长期内更有可能提供稳健的回报。投资者还需定期评估持仓股票的表现，适时调整投资组合，以确保其长期增值目标的实现。通过长期持有优质股票，投资者不仅可以享受股价上涨带来的资本利得，还能获得分红收益，从而实现财富的稳定增长。

（二）股票类资产的配置策略

成长型投资策略的核心在于通过选择具有高成长潜力的股票，追求资本增值。这类股票通常属于新兴产业或技术创新领域，如信息科技、生物医药、环保新能源等。投资者需要对这些行业的发展趋势有深刻的理解，能够识别具有颠覆性技术或商业模式的公司。成长型股票的估值通常较高，其未来的盈利能力和市场份额扩大预期是其主要吸引力。然而，这类股票的波动性也相对较大，投资者需要具备较高的风险承受能力和长期投资的信心。

在进行成长型投资时，必须关注公司基本面的多个方面，包括营收增长率、利润增长率、市场扩展潜力以及管理团队的执行能力。财务报表分析、行业研究和市场竞争格局的评估是不可或缺的步骤。成长型投资策略还要求投资者具备敏锐的市场嗅觉，能够及时捕捉市场热点和潜在的投资机会，同时也要警惕市场过热带来的泡沫风险。

成长型投资策略的优势在于其高收益潜力，但也伴随着高风险。为了平衡风险与收益，投资者可以通过分散投资来降低个股风险，即在不同的高成长行业和公司之间进行分散配置。这不仅可以增加投资组合的稳定性，还能提升整体组合的收益潜力。

价值型投资策略的精髓在于通过选择估值较低、基本面良好的股票，来实现稳定的回报。此类股票通常处于传统行业或已经成熟的领域，具有稳定的现金流和盈利能力。投资者通过仔细分析公司的财务状况、经营业绩和市场前景，来评估其内在价值，并在市场价格低于内在价值时买入，从而获取未来的价格回归收益。

在实施价值型投资策略时，运用一系列的估值方法，如市盈率（P/E）、市净率（P/B）、股息收益率等指标，来衡量股票的相对价值是至关重要的。此外，对公司的盈利能力、负债水平、现金流状况等基本面的深入分析也是必要的。价值投资者通常更倾向于长期持有股票，等待市场价格回归其合理估值，从而实现资本增值和稳定收益。

（三）股票类资产的风险控制

分散投资是通过持有多种不同类别的股票来减少单一股票价格波动对整体投资组合的影响，从而降低个股风险。研究表明，合理地分散投资可以显著提高投资组合的稳定性和安全性。投资者在实施分散投资时，应考虑多个因素，如行业分布、地域分布和公司规模等。这不仅可以最大限度地分散单一行业或公司的风险，还可以利用不同市场之间的非完全相关性来进一步降低整体投资组合的波动性。合理地分散投资并不意味着盲目地选择大量股票，而是有策略地选择具有不同风险和收益特征的股票。投资者可以通过分析各个行业的发展前景、公司的财务状况和市场趋势等因素，精心挑选符合自身投资目标和风险承受能力的股票。此外，利用指数基金、行业基金等工具也是进行分散投资的有效方式。这些基金通过分散投资来降低风险，使投资者在保持较高收益潜力的同时，能够有效地控制和降低风险。

设定止损点是控制投资损失的重要手段。止损点是指在股价达到某一预设价格时，自动卖出持有的股票，以防止损失进一步扩大。设定止损点不仅有助于保护本金，还可以避免投资者因情绪波动而作出不理性的投资决策。止损点的设定需要结合市场状况、股票的波动性以及投资者的风险承受能力进行综合考虑。对于波动性较大的股票，可以设定较大的止损幅度，以避免频繁触发止损。而对于稳定性较高的股票，则可以设定较小的止损幅度，以便更好地保护本金。止损点的设定不仅是一个技术问题，还需要投资者具备冷静的心态和较强的执行力。一旦止损点被触发，投资者应果断执行卖出操作，避免因犹豫不决而导致更大的损失。此外，止损点的设定也可以与其他风险控制措施相结合，如动态调整投资组合、定期评估投资绩效等。通过综合运用多种风险控制手段，投资者可以更好地管理投资风险，保护自身的财务安全。

二、债券类资产配置比例

（一）债券类资产的特点

在财富管理过程中，债券类资产因其固定收益特性而备受青睐。固定收益指的是债券在到期前定期支付的利息，这种稳定的利息收入使债券成为风险较低的投资工具。与股票等波动较大的资产相比，债券的收益较为稳定，且预期收益和实际收益之间的差距相对较小。对于那些寻求稳定现金流和低风险投资的投资者而言，债券类资产无疑是一个理想的选择。在经济环境不确定的情况下，固定收益债券能为投资组合提供一定的防御能力，减少整体风险。

债券的风险主要包括信用风险和利率风险，但相较于其他资产类别，这些风险通常较为可控。信用风险是指债券发行人违约的可能性，而利率风险涉及市场利率变化对债券价格的影响。对于高信用评级的债券，信用风险较低，而通过合理的利率风险管理，投资者可有效地控制债券投资中的风险。因此，债券类资产在财富管理中扮演着重要的角色，特别是对于那些希望在低风险环境中获得稳定收益的投资者。

债券类资产的保本功能使其成为保守投资者的首选资产类别。保本功能意味着投资者在持有债券到期时，其本金可以得到保障。这一特性对于那些投资风格较为保守、风险承受能力较低的投资者尤为重要。保本功能不仅能够为投资者提供心理上的安全感，还能确保投资者在市场波动中不至于遭受重大损失。对于退休人士或那些依赖投资收入进行生活支出的投资者而言，债券的保本功能尤为关键。

债券的保本功能也得益于其相对明确的到期时间和固定的利息支付。债券到期后，投资者不仅能收回本金，还能获得预期的利息收入，这种确定性为投资者提供了财务上的稳定性。因此，在资产配置中，债券常被用作稳定剂，帮助平衡投资组合的风险和收益。综合来看，债券类资产因其固定收益和保本特性，成为财富管理中不可或缺的重要组成部分，特别适合那些追求安全、稳定收益的保守投资者。

（二）债券类资产的配置策略

债券类资产配置是投资者实现投资目标和风险管理的关键手段。其中，信用评级筛选和到期匹配策略是两项不可或缺的重要原则。

信用评级筛选在债券投资中至关重要。信用评级是由专业评级机构对债券发行人的信用状况进行评估后给出的评级结果，通常分为多个级别，如AAA、AA、A等。选择信用评级较高的债券，意味着债券发行人的财务状况较好，违约风险较低。投资者应优先选择那些评级较高的债券，以确保投资的安全性。这不仅能够降低本金损失的概率，还能为投资组合提供更为稳定的收益来源。在实际操作中，投资者需要密切关注评级机构发布的最新报告，及时调整投资组合中的债券构成。评级机构如标普（Standard & Poor′s）、穆迪（Moody′s）和惠誉（Fitch）等，都是国际上公认的权威机构。其评级结果具有较高的参考价值。投资者应根据这些评级结果，结合自身的风险承受能力和投资目标，选择适合的债券进行投资。

到期匹配策略是根据投资目标的时间安排，选择不同期限的债券进行配置，以实现资金的有效管理和收益的最大化。短期债券通常风险较低，流动性较好，适用于短期资金需求的配置；中长期债券则通常提供较高的收益率，适用于长期资金需求的配置，满足长期投资目标。通过将不同期限的债券进行合理搭配，投资者可以在不同的市场环境下保持投资组合的稳定性。例如，当市场利率上升时，短期债券的再投资风险较低，而长期债券的价格可能会受到较大影响。反之，当市场利率下降时，长期债券的价格会相对上升。因此，合理的到期匹配策略能够在不同的利率周期中，为投资者提供更为稳健的收益。

（三）债券类资产的风险控制

在债券类资产配置中，分散投资和利率风险管理是两大关键策略。分散投资通过分散违约风险来保护投资组合，而利率风险管理则通过久期管理和利率对冲工具来控制利率波动带来的风险。这两种策略相辅相成，为投资者提供了更稳健的投资路径。

分散投资是降低单一债券违约风险的核心策略之一。通过投资于不同发行主体的债券，可以有效分散违约风险，避免因单一发行主体出现财务问题而对整个投资组合造成重大损失。投资者可以选择国家债券、企业债券、地方政府债券等多种债券类型，以实现发行主体的多元化。此外，选择不同信用等级的债券也是一种分散风险的方式，高信用评级债券一般违约风险较低，而低信用评级债券虽然风险较高，但通常收益也较高，通过合理配置可以实现风险和收益的平衡。

投资于不同期限的债券也是分散投资的重要方面。长期债券和短期债券在利率变化和市场波动中的表现不同，通过配置不同期限的债券，可以在一定程度上平滑投资组合的波动性。例如，当短期利率上升时，短期债券的利息收入会增加，而长期债券则可能面临价格下跌的风险。相反，当利率下降时，长期债券的价格可能会上升，从而对投资组合产生积极影响。通过这种期限的多元化配置，投资者可以在不同市场环境中获得相对稳定的收益。

利率风险是债券投资中不可忽视的重要风险之一。债券价格对利率变化非常敏感，利率上升会导致债券价格下降，利率下降则会导致债券价格上升。为了有效管理利率风险，久期管理是常用的策略之一。久期是衡量债券价格对利率变化敏感性的指标，通过调整投资组合的久期，可以控制利率波动对投资组合的影响。例如，若预期利率将上升，投资者可以选择降低组合的久期，以减少利率上升对债券价格的负面影响；反之，若预期利率将下降，则可以增加组合的久期，以获得价格上涨带来的收益。

利率对冲工具也是管理利率风险的重要手段。常见的利率对冲工具包括利率期货、利率互换和利率期权等。通过使用这些工具，投资者可以锁定未来的利率水平，从而减少利率波动对债券投资组合的影响。例如，利率互换可以帮助投资者将浮动利率债券的利息支付转换为固定利率，从而在利率上升时减少利息成本的增加。利率期货则可以通过在期货市场上建立相反方向的头寸，对冲现货市场的利率风险。通过合理运用这些对冲工具，投资者可以在不同的市场环境中有效控制利率风险，保护投资组合的价值。

三、基金类资产配置比例

（一）基金类资产的特点

基金类资产因其独特的专业管理属性和分散风险能力，成为许多投资者的首选。对于没有时间和专业知识的投资者来说，基金提供了一种便捷而高效的投资途径。通过专业管理和分散投资，基金不仅能够实现资产的稳健增值，还能有效降低投资风险。

基金类资产的一个显著特点是其专业管理属性。基金由专业的基金经理团队负责管理，这些经理通常拥有丰富的金融市场经验和专业知识，能够对市场动态进行深入分析，作出科学合理的投资决策。投资者通过委托专业基金经理进行投资，无须花费大量时间和精力去研究市场走势和分析个别资产的优劣，从而实现资产的稳健增值。基金经理的专业管理还体现在他们能够根据市场变化及时调整投资策略，以便更好地应对市场风险和抓住投资机会，从而提高投资组合的整体收益。

基金类资产的专业管理不仅体现在投资决策的科学性和专业性上，还体现在风险控制和投资组合的优化上。基金经理通过严谨的风险控制机制和多样化的投资策略，能够有效降低投资组合的波动性和系统性风险。专业管理的另一个优势是基金经理能够利用其信息优势和市场资源，获取普通投资者难以获得的市场资讯和投资机会。这种信息不对称为基金投资带来了更高的潜在收益，也是普通投资者选择基金的重要原因之一。

基金类资产的另一个重要特点是其分散风险的能力。基金通过投资于多个资产类别，有效地降低了个别资产的风险。分散投资的原理在于不同资产类别的收益表现往往相互独立或呈现负相关关系，当某一资产类别表现不佳时，其他资产类别可能表现良好，从而在整体上平滑投资组合的波动性。这种分散风险的策略不仅适用于股票和债券等传统资产，还包括房地产、货币市场工具和其他另类投资。

通过基金进行资产配置，投资者可以实现更加广泛的分散投资，而不需要直接购买多个不同的资产。基金经理会根据市场状况和经济周期，灵活调整基金的投资组合，确保在不同市场环境下都能保持较为稳定的收益表现。这样的分散投资方式不仅能够降低投资组合的系统性风险，还能够捕捉多个市场的投资机会，从而提升投资组合的整体回报。

分散风险还体现在基金的全球化投资策略上。许多基金会将资产分散投资于不同国家和地区，从而避免单一市场的系统性风险。例如，当某一国家的经济出现下滑时，其他国家的经济增长可能会对冲这种风险，保持投资组合的稳定性。这种全球化的分散投资策略进一步增强了基金类资产的抗风险能力，使其成为投资者进行资产配置的重要工具。

（二）基金类资产的配置策略

主动型基金通过基金经理的主动管理，力求在特定市场或行业内获取超额收益。这种投资方式的核心在于选择优秀的基金经理，因为基金经理的能力直接影响基金的表现。优秀的基金经理通常具备深厚的市场经验和专业知识，通过深入的研究和分析，发现市场中的潜在机会，并及时调整投资组合。投资者在选择主动型基金时，应关注基金经理的历史业绩、投资风格和风险控制能力。

主动型基金的优势在于其灵活性和潜在的高回报。相比于被动型基金，主动型基金可以在市场波动中进行调整，及时把握短期机会，甚至在市场下行时通过空头策略获取收益。此外，主动型基金可以通过行业轮动、个股选择和市场趋势判断等策略，实现超越市场平均水平的回报。然而，主动型基金的管理费和交易成本相对较高，且其业绩表现高度依赖于基金经理的能力和市场环境。

投资者在配置主动型基金时，应根据自身的风险承受能力和投资目标，合理配置资金。对于风险承受能力较强的投资者，可以适当增加主动型基金的配置比例，以追求更高的回报；而对于风险承受能力较弱的投资者，则应谨慎选择，避免过度集中在单一基金中。投资者还应定期评估基金的表现，及时调整投资组合，以确保实现预期的投资目标。

被动型基金通过复制特定指数的成分股，以期获取与市场平均水平相一致的收益。指数基金是被动型基金的重要形式，其投资策略是严格按照特定指数的构成比例进行投资，从而实现与该指数相同的收益表现。投资者在选择指数基金时，应关注基金的跟踪误差、管理费率和流动性等因素，以确保基金能够有效实现其投资目标。

被动型基金的优势在于其管理成本低、透明度高和投资风险分散。由于被动型基金不需要进行复杂的市场分析和个股选择，其管理费和交易成本相对较低。此外，被动型基金的投资组合公开透明，投资者可以清楚地了解基金的持仓情况和投资策略。通过投资于分散的市场指数，被动型基金能够有效降低个股风险和行业风险，实现较为稳定的市场平均收益。

投资者在配置被动型基金时，应根据自身的投资目标和风险承受能力，选择合适的指数和基金产品。对于长期投资者来说，被动型基金是实现稳健增值的理想选择，因为其能够充分分享市场整体增长的红利。投资者还应定期检视基金的表现，确保其跟踪误差在合理范围内，并根据市场变化和自身需求，适时调整投资组合。通过科学合理的配置策略，投资者可以在降低风险的同时，实现稳健的投资回报。

（三）基金类资产的风险控制

在基金类资产的配置中，分散投资是一项至关重要的风险控制策略。通过投资于不同类型和风格的基金，投资者可以有效降低单一基金的风险。股票型基金、债券型基金和混合型基金各自具有不同的风险和收益特征。股票型基金通常伴随较高的风险和潜在的高回报，而债券型基金则倾向于提供更稳定但相对较低的收益。混合型基金结合了股票和债券的特点，提供了一种中间选择。成长型基金和价值型基金在市场表现上也有所不同：成长型基金投资于预期有较高增长潜力的公司，而价值型基金则倾向于投资于被市场低估的公司。通过在这些不同类型和风格的基金之间进行分散投资，投资者可以有效减少单一基金表现不佳对整体投资组合的影响，从而实现更稳定的长期投资回报。

为了有效控制基金类资产的风险，定期评估基金业绩是必不可少的步骤。投资者应当设立明确的评估周期，如每季度或每半年，对所持有的基金进行系统性评估。这包括对基金的收益率、波动率、风险调整后的回报等指标进行分析，以判断基金是否符合预期。如果某只基金长期表现不佳，且未能达到预期目标，投资者应及时进行调整或更换。例如，可以选择赎回表现不佳的基金，转而投资于那些历史业绩稳健且符合投资目标的基金。此外，评估基金业绩还需要关注基金经理的投资策略和市场环境的变化。基金经理的投资决策和市场趋势对基金业绩有直接影响，因此投资者应密切关注这些因素，以便作出更科学的调整决策。通过定期评估和及时调整，投资者可以在不断变化的市场环境中保持基金组合的最佳状态，降低整体投资风险。

在实际操作中，分散投资与业绩跟踪是相辅相成的。分散投资通过降低单一基金的风险，提高了投资组合的稳健性，而业绩跟踪则通过动态调整，确保基金组合始终处于最佳配置状态。两者结合，使得投资者在控制风险的同时，能够实现持续、稳健的投资回报。这不仅符合财富管理的基本原则，也为投资者的长期财富增值提供了坚实的保障。

第五章　风险管理与对冲策略

第一节　风险识别与评估方法

一、风险识别的基本概念

（一）风险识别的定义

在财富管理过程中，风险识别指的是系统地发现和描述可能影响财富管理目标实现的各种风险因素。财富管理者通过风险识别，能够全面了解潜在的威胁和不确定性，为后续的风险管理和控制奠定基础。与其将风险识别视为一个单一的程序步骤，不如将其看作一个动态的过程，因为随着市场环境和投资组合的变化，风险识别也需要不断地更新和调整。

首先是识别内部和外部风险因素。内部风险可能涉及组织结构、运营流程、财务状况等方面的因素。例如，某个企业的现金流问题可能会影响其持续进行投资。外部风险则可能涉及宏观经济环境、市场竞争状况、法律法规变化等。例如，市场的突然波动或者政府政策的调整都可能对投资组合产生重大影响。

在识别风险因素之后，需要分析这些因素的可能性和影响程度。通过对风险因素进行详细分析，财富管理者能够更好地理解哪些因素可能对财富管理目标产生最大的影响。例如，通过分析市场风险，财富管理者可以评估不同市场波动的可能性和其对投资组合的潜在影响。这一步骤有助于将风险因素进行归类和描述，以便于进一步的管理和控制。

通过有效的风险识别，财富管理者可以提前采取措施进行管理和控制，从而减少潜在损失。比如，识别市场风险后，可以采取分散投资的策略，以降低单一市场波动对投资组合的影响。或者，通过识别信用风险，财富管理者可以选择信誉良好的金融机构或投资工具，降低违约风险。这些预防性措施都是为了在复杂多变的市场环境中保护投资者的利益。

（二）风险识别的步骤

在财富管理中，风险识别必须明确其范围和目标。风险识别的范围可以涵盖市场风险、信用风险、流动性风险和操作风险等多个方面。目标是通过系统性的方法识别可能影响投资组合或财富管理策略的潜在风险因素，确保能够及时采取适当措施进行管理和控制。明确的范围和目标有助于集中资源和精力，提高风险识别的有效性和准确性，为后续的风险管理活动奠定坚实的基础。

在明确范围和目标之后，系统地收集与风险相关的数据和信息是至关重要的一步。这包括内部数据如财务报表、经营数据、投资组合表现等，也包括外部数据如市场行情、经济指标、法律法规变化等。数据的来源需要具有可靠性和时效性，为此可以借助专业的数据分析工具和风险管理软件。通过对这些数据进行分析和处理，可以识别潜在的风险因素，如市场波动、信用违约、流动性紧张等。数据收集过程应当持续且动态，能够及时更新风险信息，以便作出准确的风险判断。

识别出潜在风险因素后，需要对这些风险进行分类和描述，以形成系统化的风险清单。分类标准可以根据风险的性质、来源和影响程度进行划分。例如，市场风险可以细分为价格风险、利率风险、汇率风险等，信用风险可以细分为违约风险、信用评级变动风险等。每类风险都需要详细描述其特征和可能的影响，包括发生的可能性、影响的范围和严重程度。形成的风险清单不仅是风险管理的基础文件，也是制定风险应对策略的重要依据，有助于系统地监控和管理各类风险。

（三）常见风险类型

市场风险是财富管理中最常见的风险类型，主要指由于市场价格波动引起的投资组合价值的变化。股票价格波动是市场风险的主要表现之一，股票市场的不确定性和波动性会直接影响投资者的收益和损失。利率变化对债券市场也有重大影响，利率上升通常会导致债券价格下跌，利率下降则会导致债券价格上升。汇率波动对持有外币资产或负债的投资者也构成风险，汇率的变化会影响这些资产或负债的价值。此外，商品价格的变动也会对相关投资产生影响。为有效管理市场风险，投资者需要采取多样化策略，分散投资，以减少单一市场变化对整体投资组合的影响。

信用风险是指借款人或交易对手无法履行合同义务，导致投资者损失的风险。在财富管理中，信用风险主要表现为债务工具的违约风险、贷款的违约风险以及衍生品交易中的信用风险。信用风险的管理对于稳定投资组合的收益具有重要意义。投资者可以通过信用评级、财务报表分析等手段评估借款人的信用状况，同时可以通过购买信用违约互换（CDS）等金融工具进行对冲。分散投资于不同的债务工具和借款人也是一种降低信用风险的有效方法。这些措施有助于降低因借款人或交易对手违约而导致的损失。

操作风险是指由于内部系统、流程或人员的错误、故障或欺诈行为导致的损失风险。这种风险在金融机构和财富管理过程中不可忽视。操作风险的来源多种多样，包括技术故障、操作失误、内部控制不足以及人员的道德风险等。为了有效管理操作风险，金融机构需要建立健全的内部控制体系，完善操作流程，并进行定期的风险评估和审计。强化员工培训，提高员工的风险意识和操作技能，也是降低操作风险的重要措施。通过全面的操作风险管理，可以有效减少因人为和系统因素导致的潜在损失。

二、风险评估的关键指标

（一）概率指标

在财富管理中，概率指标是评估风险的关键工具。它能将复杂的风险概念转换为具体数值，通常以百分比形式表示，从而为决策提供科学依据。数值越大，表明风险事件发生的概率越高。比如，在资产配置过程中，如果发现某类资产的违约概率较高，就需要重新评估该资产在投资组合中的比例，以降低整体风险。这种量化方法使得财富管理专家能够更精确地比较和分析不同风险因素。

利用历史数据和统计方法，是预测未来风险事件发生概率的有效手段。这一过程需要大量的数据收集和分析，包括历史市场行为、经济指标、公司财务报表等。通过对这些数据的深入分析，可以识别潜在的风险因素和趋势，进而估算出未来发生风险事件的概率。例如，使用历史股市数据，可以建立预测模型来估算某只股票在特定时间段内价格下跌的概率，从而辅助投资决策。这种方法增强了风险管理的科学性和客观性。

在实际操作中，概率指标不仅仅是单一的数值，还可以通过多种统计模型进行综合分析，如贝叶斯模型和蒙特卡罗模拟等。这些模型能够处理复杂的多变量情况，提供更加精确的风险评估结果。贝叶斯模型可以根据新的市场信息动态调整风险概率，从而提高预测的准确性。这些先进的统计方法为财富管理提供了强有力的技术支持，使得风险评估不依赖于经验判断，更加客观和科学。

（二）损失指标

损失指标在风险管理中扮演着至关重要的角色，这些指标用于衡量风险事件发生时可能造成的经济损失，从而为财富管理决策提供依据。通过衡量潜在的经济损失，投资者和管理者能够更好地评估风险水平，并制定相应的对冲策略以减轻潜在损失。掌握这些指标不仅有助于量化风险，还能为财富管理中的风险缓释策略提供指导。

预期损失（Expected Loss，EL）是指在一定时间内，基于历史数据和统计模型，预测在正常市场条件下可能遭受的平均损失。预期损失能够为投资者提供一个关于未来潜在损失的定量估计，从而帮助他们制定保守的投资策略和风险对冲计划。预期损失的计算通常涉及违约概率（Probability of Default，PD）、违约损失率（Loss Given Default，LGD）和敞口（Exposure at Default，EAD）三个关键因素。通过精确地计算，投资者能够更好地了解其投资组合的潜在风险，并采取相应措施来降低这些风险。

潜在损失（Unexpected Loss，UL）则反映了在极端市场条件下，超过预期损失的那部分损失。潜在损失考虑到了尾部风险，即那些在低概率事件下可能发生的巨大损失。相较于预期损失，潜在损失更加难以预测和管理，但却对财富管理的稳健性有着重大影响。潜在损失的评估通常依赖于复杂的金融模型和应对极端市场情境的模拟分析。这些模型和分析方法旨在捕捉市场波动中的极端情况，从而帮助管理者制定更全面的风险管理策略。

（三）风险矩阵

在财富管理中，风险矩阵是评估风险的重要工具。它结合了风险发生的概率和潜在损失，将各种风险情境以直观的二维图表形式展示出来。风险发生的概率可以分为高、中、低等不同等级，反映了某一特定风险事件发生的可能性。而潜在损失则衡量了该事件一旦发生，可能对财富管理造成的财务影响。通过将这两个维度结合，风险矩阵形成了一个综合图表，每一个格子代表了一种特定的风险情境，从而帮助管理者更系统化地评估和管理不同种类的风险。

通过使用风险矩阵，财富管理者可以直观地展示各类风险的严重程度和优先级。这种可视化的方式能够帮助管理者迅速识别最需要关注和处理的高优先级风险。在资源有限的情况下，风险矩阵能够指导管理者将有限的资源分配到最关键的风险点上，从而最大限度地降低整体风险水平。通过这种方式，管理者可以更有效地应对潜在的威胁，并制定出有针对性的风险管理策略。

风险矩阵不仅是风险评估的工具，也是风险沟通的重要手段。通过清晰的图表展示，财富管理团队可以更有效地向客户、管理层和其他利益相关者传达风险状况和管理策略。这种透明化的风险管理方式，有助于建立信任和提高决策的科学性和可靠性。在实际应用中，风险矩阵还可以与其他风险管理工具和方法相结合，如情景分析、压力测试等，进一步增强风险评估的全面性和准确性。

三、风险评估的定量与定性方法

（一）定量评估方法

在财富管理和风险管理领域，定量评估方法能够帮助财富管理专家精确地评估和量化风险。主要的定量评估方法包括统计分析、数学模型和计算机模拟。

定量评估方法中的统计分析通过分析历史数据和概率分布来计算风险。这些方法利用均值、方差和相关系数等统计指标进行风险评估，揭示风险的大小、波动特性和相关性。例如，通过回归分析，可以评估不同资产之间的相关性，从而优化投资组合，减少总体风险。统计分析不仅提供了风险的定量描述，还为投资决策提供了数据支持。

数学模型则使用数学工具和理论来构建风险评估的模型。随机过程模型是一种常见的数学模型，它描述了资产价格的随机波动，通过参数估计和假设检验，对风险进行精确量化。比如，资本资产定价模型通过市场风险溢价和无风险利率来评估个别资产的风险。这些数学模型为财富管理专家提供了科学的风险评估框架，支持更为理性的投资决策。

计算机模拟利用计算机技术进行大量的模拟运算，以评估复杂系统的风险。蒙特卡罗模拟是其中最为常见的方法之一，通过大量随机样本的模拟，估算出资产收益的概率分布，评估不同投资策略的风险和回报。情景分析是另一种常用的模拟方法，通过设定不同的市场情景，计算在各种情景下的资产表现，全面评估潜在的风险和应对策略。计算机模拟具有处理复杂系统和多种风险因素的能力，是财富管理中的重要工具。

在众多定量方法中，蒙特卡罗模拟和风险价值（VAR）模型尤为常见。蒙特卡罗模拟基于随机抽样和概率分布，广泛应用于金融风险管理。通过模拟大量的可能路径和结果，它提供了对未来不确定性的全面评估，能够处理复杂的非线性系统，并考虑多种风险因素及其相互关联，使财富管理专家能够评估不同资产组合在各种市场条件下的表现，制定更科学的投资策略。

风险价值模型用于衡量投资组合在特定置信水平下可能遭受的最大损失。基于历史数据和市场波动性，VAR 模型通过统计方法计算不同置信水平下的风险价值。其优点在于直观性和易于理解，能够为投资者提供清晰的风险指标。然而，VAR 模型对极端市场条件的敏感性不足，需要结合其他风险评估方法进行综合分析，以提供更全面的风险评估。

（二）定性评估方法

定性评估方法在风险管理中占据重要地位，主要依赖于专家的判断、经验和主观分析。专家通过多年的实践积累和专业知识，对风险进行全面而深入的解读和评估。他们不仅识别出表面风险，还能通过细致地分析发现潜在的深层次风险。定性评估方法的优势在于其灵活性和适应性，能够在缺乏足够数据支持的情况下，依靠专家的直觉和经验做出合理的风险评估。此外，这种方法注重个性化和情境化的分析，考虑具体环境和背景因素，如市场趋势、行业动态、政策变化等，为企业提供定制化的风险评估方案。专家通过逻辑推理和经验总结，清晰解释风险来源及其可能影响，为决策者提供有力支持。

在定性评估方法中，头脑风暴和德尔菲法是两种常见且有效的工具。头脑风暴是一种集体讨论的方法，通过集思广益，鼓励参与者提出各种可能的风险因素。其核心在于自由思考和创意表达，不设限地收集各方面的观点和意见。头脑风暴能够迅速收集大量信息，并通过团队合作提高风险识别的全面性和准确性。德尔菲法则是一种系统化的专家调研方法，通过多轮匿名问卷调查，逐步达成专家共识。专家们独立提供风险评估意见，并在后续轮次中参考其他专家的观点进行修正，有效避免个别专家的偏见和判断失误，最终形成较为客观和可信的风险评估结果。德尔菲法的结构化和科学性，在保证匿名性的前提下，充分发挥专家集体智慧，提供高质量的风险评估意见。

（三）混合评估方法

在财富管理领域，混合评估方法因其全面性和灵活性备受推崇。该方法将定量与定性评估手段相结合，为风险评估提供了更广阔的视角。定量评估方法依赖数学模型和统计数据，能够为投资组合的潜在收益和损失提供具体的数值估算。常见的定量评估工具包括方差、标准差、贝塔系数以及风险价值等。尽管定量方法可以提供客观和精确的数值分析，但其在面对难以量化的风险因素时显得力不从心。例如，政治风险、管理层变动和市场情绪等因素往往无法通过纯粹的数值分析加以准确评估。

定性评估方法则通过专家访谈、市场调研和案例分析等手段，识别和分析那些无法通过数据直接衡量的风险因素。它依赖于主观判断，能够捕捉市场环境中的细微变化和趋势，从而补充定量方法的不足。通过将定性和定量方法相结合，混合评估方法不仅能够提供风险的数值化分析，还能通过专家判断和市场洞察，深化对风险的全面理解。这种结合使风险评估更加全面，能够更好地应对复杂的市场环境和多变的风险因素。

综合运用多种评估手段是混合评估方法的核心优势，它显著提高了风险评估的准确性和可靠性。定量方法提供了一个客观、可量化的风险评估基础，通过历史数据和统计模型，投资者能够对市场波动和资产收益有一个初步的量化认识。然而，定量方法的局限性在于其对非数值信息的忽略。例如，定量分析可能无法捕捉到市场中的细微变化和潜在风险。

第二节　风险对冲工具与技术

一、金融衍生工具及其应用

（一）金融衍生工具的定义

金融衍生工具是现代金融市场中不可或缺的风险管理工具。这些工具的核心特征在于其价值是由某种基础资产的价格变化来决定的。基础资产的范围非常广泛，可以包括股票、债券、商品、货币以及利率等。通过对这些基础资产的价格走势进行合约式安排，金融衍生工具为投资者提供了多样化的风险对冲和投资策略选择。这不仅有助于企业和投资者在不确定的市场环境中保护其资产，还能通过合理地运用增强投资组合的收益。

期货合约是金融衍生工具中的一种标准化合约，双方约定在未来某一特定日期以预定的价格买卖一定数量的资产。这种合约通常在交易所进行，具有高度的流动性和透明度。期货交易的标准化使得市场参与者可以更容易地进入和退出市场，从而提高市场效率。然而，期货交易也需要投资者具备较高的市场预测能力和风险承受能力。

期权合约赋予持有人在未来某一特定日期或之前以特定价格买卖基础资产的权利，而不是义务。这种灵活性使得期权成为一种非常有吸引力的风险管理工具。投资者可以通过购买期权来锁定未来的买入或卖出价格，从而对冲价格波动的风险。期权合约的潜在收益较大，但相应的风险也较高，投资者需要有较强的市场分析能力和风险管理策略。

互换合约是两个或多个当事人之间交换一系列现金流的协议，常见的互换类型包括利率互换和货币互换。这些合约允许企业和投资者通过互换未来的现金流来对冲利率或汇率风险。例如，企业可以通过利率互换将浮动利率债务转化为固定利率，从而减少利率波动对财务成本的影响。互换合约的设计灵活多样，可以根据具体需求进行定制，但也因此带来了较高的复杂性。

远期合约与期货合约类似，双方约定在未来某一特定日期以预定的价格买卖一定数量的资产。然而，远期合约是非标准化的，通常在场外交易市场进行。由于其非标准化特性，远期合约可以根据双方的具体需求进行灵活调整，但也因此带来了更多的信用风险。投资者在使用远期合约时需要特别注意合约对手方的信用状况。

金融衍生工具在财富管理中的应用不仅限于风险对冲，还包括投机、套利和资产配置等多种策略。通过合理运用这些工具，投资者可以在控制风险的同时，提升投资组合的回报率。在实践中，成功的衍生工具运用需要对市场走势有深刻的理解，并具备严密的风险管理体系。只有在具备充分知识和经验的情况下，投资者才能有效地利用金融衍生工具实现其投资目标。

（二）主要类型及其功能

在金融市场中，有多种工具可供投资者和企业管理风险和优化投资策略，其中期货合约、期权合约和互换合约是最为重要的三种。下面将详细介绍这三种金融衍生工具的功能和特点。

期货合约是一种标准化的金融合约，允许投资者在未来某一特定日期以预定价格买卖某种资产。其标准化特性简化了交易过程，减少了交易双方在合约条款上的分歧。期货市场的主要参与者包括投机者和套期保值者。投机者通过预测市场价格变动以获取利润，而套期保值者则利用期货合约锁定未来的价格，减少价格波动带来的不确定性。期货合约广泛应用于商品市场、金融市场和外汇市场，是金融衍生工具中非常重要的一种。期货市场的价格发现功能通过公开交易机制使市场价格更为透明，反映出市场参与者的预期。同时，期货合约的风险管理功能尤为重要，特别是在农业和能源等价格波动较大的行业，通过提前锁定价格，企业和投资者可以显著降低经营风险。

期权合约赋予持有人在未来某一日期以预定价格买卖某种资产的权利，而非义务。期权分为看涨期权和看跌期权两种，看涨期权赋予持有人在未来以特定价格购买资产的权利，而看跌期权赋予持有人在未来以特定价格出售资产的权利。期权合约的灵活性使其成为投资者进行风险对冲和策略性投资的重要工具。除了风险对冲，期权合约还可用于投机和收益增强。持有期权合约的投资者可以在市场价格有利时行使期权，从而获得价格差异带来的收益。期权合约的买卖还可用于构建复杂的投资组合，如看涨期权和看跌期权的组合策略，可以在不同市场情景下实现特定的投资目标。期权合约的杠杆效应使得投资者可以用较少的资金进行较大金额的市场操作，提高资本使用效率。

互换合约是指双方同意交换现金流或其他金融工具的协议。常见的互换合约包括利率互换、货币互换和信用违约互换。利率互换中，双方交换不同利率结构的现金流，如固定利率与浮动利率的交换；货币互换涉及不同货币间的现金流交换；信用违约互换是一种信用保护工具，买方支付一定费用给卖方以换取在信用事件发生时的赔偿。互换合约的风险管理功能非常重要，通过利率互换，企业可以将浮动利率债务转换为固定利率债务，从而锁定利息成本，降低利率波动风险。货币互换可以帮助企业规避汇率风险，特别是在跨国经营中。信用违约互换为金融机构和投资者提供了管理信用风险的工具，能够在信用风险发生时获得补偿。互换合约的灵活性和定制化特点使其能够满足不同投资者的特定需求，是金融市场中不可或缺的风险管理工具。

二、期货与期权的对冲策略

（一）期货对冲策略

期货对冲策略是一种利用期货合约来管理和规避市场风险的技术手段，广泛应用于各种金融和商品市场。通过合理运用期货对冲策略，投资者和企业可以在波动的市场环境中保持财务稳定，提高投资和经营决策的稳健性。

当投资者或企业持有某种资产，并担心其价格可能在未来一段时间内下跌时，他们可以通过卖出期货合约来对冲这一风险。此策略的核心是通过在期货市场上建立一个与现货市场相反的头寸，从而抵消现货市场可能的损失。例如，一家石油生产公司持有大量原油库存，但担心国际油价下跌对其收益造成不利影响。该公司可以在期货市场上卖出相应数量的原油期货合约。如果油价真的下跌，期货市场上的盈利将弥补现货市场上的损失，从而实现风险对冲。实际操作中，卖出期货合约对冲现有资产的价格下跌风险需要精确的数量匹配和时机选择。投资者必须根据现有资产的数量和预期的风险敞口，卖出相应数量的期货合约，并确保其与现货市场的时间周期相匹配，以充分发挥期货对冲的效果。

期货对冲策略不仅可用于防范现有资产的价格下跌风险，还可用于规避未来购买资产的价格上涨风险。当投资者或企业计划在未来某一时间购买某种资产，并担心其价格在此期间上涨时，可以通过买入期货合约来锁定购买成本。此策略的目的是在期货市场上建立一个与未来购买计划相一致的头寸，从而在价格上涨时获得期货市场的盈利，抵消现货市场的额外成本。例如，一家航空公司预计未来需要购买大量燃油，但担心燃油价格上涨影响其运营成本。该公司可以在期货市场上买入相应数量的燃油期货合约。如果燃油价格在未来上涨，期货市场的盈利将补偿现货市场的额外支出，从而保持成本的稳定。买入期货合约对冲未来购买资产的价格上涨风险也需要精准的数量和时间匹配，以确保对冲效果的最大化。

（二）期权对冲策略

在现代财富管理中，期权对冲策略日益受到重视，尤其在保护资产免受市场下跌风险方面，买入看跌期权（Put）是一种常见且有效的手段。当投资者持有某一资产并担心其价格可能下跌时，可以通过购买看跌期权来锁定最低出售价格，从而限制潜在损失的范围。看跌期权赋予持有者在未来某一特定时间以预定价格出售标的资产的权利，但不负有必须出售的义务。这种策略的优势在于，即使市场价格大幅下跌，投资者也能通过行使看跌期权将损失限制在可控范围内，同时支付的期权费相对较低，成本较为可控。

在实际操作中，投资者可以根据不同的市场环境和风险偏好选择不同的看跌期权合约。例如，在市场波动性较高且预期资产价格下行风险较大的情况下，投资者可能会选择购买期限较长、执行价格较高的看跌期权，以获得更大的保护范围。而在短期市场波动中，短期看跌期权则可能更为合适。此外，看跌期权还可以与其他金融工具组合使用，如股票、债券等，构建更为复杂的对冲策略，进一步提高资产组合的稳定性和安全性。

买入看涨期权（Call）是另一种常见的期权对冲策略，主要用于锁定未来购买资产的价格，进而应对市场价格上涨的风险。看涨期权赋予持有者在未来某一特定时间以预定价格购买标的资产的权利，而非义务。这种策略尤其适用于那些预期某一资产未来价格将会上涨，但当前又不愿意或无法立即购入该资产的投资者。通过支付一定的期权费，投资者可以在未来某一时间点按预定价格购入资产，从而规避了市场价格上涨带来的成本增加风险。

在实践中，买入看涨期权常用于企业采购、项目投资等领域。例如，一家制造企业预期未来某种原材料价格将会上涨，但现阶段由于资金或存储限制无法大量购买原材料。通过买入看涨期权，企业可以锁定未来采购价格，确保生产成本的稳定。对于投资者而言，看涨期权不仅可以作为一种对冲工具，还可用于投机，获取市场价格上涨带来的潜在收益。通过合理选择期权合约的执行价格和期限，投资者可以灵活应对市场变化，优化资产配置，提高投资组合的回报率。

（三）期货与期权组合应用

在现代金融市场中，结合期货和期权设计复杂的对冲策略是实现稳健投资的重要手段之一。牛市差价期权策略就是一种典型的策略，专门用于在预期市场上涨时获取利润，同时控制潜在损失。该策略通过买入一个较低执行价格的看涨期权，并同时卖出一个较高执行价格的看涨期权来实现。这种组合的优势在于，当市场价格上涨时，投资者能够在两个执行价格之间的差价中获利，而当市场价格下跌时，损失则被限定在买入期权的成本之内。这一策略的关键在于选择合适的执行价格和到期时间，以确保在预期的市场条件下实现最佳的风险收益比。

牛市差价期权策略在实际操作中还可以与期货合约结合使用，以进一步优化对冲效果。投资者可以在持有现货资产的同时，运用牛市差价期权策略对冲价格波动风险，并通过期货合约锁定未来价格。这种组合应用不仅增强了对冲的灵活性，还通过不同金融工具的互补特性，提升了整体投资组合的稳健性。尤其在市场预期出现小幅上涨时，该策略能有效地利用有限的潜在盈利空间，并保持较低的成本。然而，实际操作中需考虑到交易成本和市场流动性等因素，以确保策略能够实现预期的对冲效果和收益目标。

期货和期权作为金融衍生工具，各自具有特性和优势。期货合约的标准化和高流动性，使其成为管理大宗商品和金融资产价格风险的理想工具。高杠杆性和强制执行性虽然带来一定的风险，但在市场趋势明确时，可以通过期货合约锁定收益或成本。而期权的非线性收益结构和选择权特性，使其在特定市场环境下能够提供更为灵活的风险管理方案。通过期权，投资者可以在预期市场波动性增加时进行保护性对冲，从而在不确定的市场环境中获得更好的风险调整后收益。

将期货和期权组合使用，可以构建出更为复杂和精细的对冲策略。例如，在市场波动性增加时，使用期权进行保护性对冲，而在市场趋势明确时，通过期货合约锁定收益或成本。这种灵活的组合策略能够在不同市场环境下，实现对风险的动态管理，最大化投资组合的风险调整后收益。此外，通过利用期货和期权的不同到期日和执行价格，投资者可以构建出多层次的对冲结构，以应对不同时间阶段的市场风险。这种精细化的风险管理方法能够更好地匹配投资者的风险承受能力和投资目标，从而在波动的市场环境中保持投资组合的稳健性和可持续性。

三、互换合约在风险管理中的作用

（一）互换合约的基本概念

互换合约是一种金融工具，双方约定交换一系列未来的现金流。作为一种广泛应用的衍生工具，互换合约的核心在于允许双方通过合约安排，将一种类型的现金流转换为另一种类型。这种灵活性使得企业和投资者能够有效管理和对冲多种风险。互换合约的应用场景非常丰富，包括但不限于利率风险管理和货币风险对冲。通过这些合约，企业和投资者可以更灵活地调整其资产负债表的风险结构，从而优化财务成本并提升财务稳定性。

利率互换和货币互换是互换合约中最常见的两种类型。在利率互换中，双方约定交换的现金流基于不同的利率形式，比如固定利率和浮动利率的互换。这样的安排使得企业能够将浮动利率债务转换为固定利率债务，或者反之，从而对冲利率波动带来的风险。货币互换则涉及不同货币之间的现金流交换，通常用于对冲外汇风险。企业可以通过货币互换将其外币负债转换为本币负债，从而减少汇率波动对其财务状况的影响。

互换合约在风险管理中的作用不可忽视。利用利率互换，企业能够将不确定的利率成本转化为可预测的固定成本，提高财务预测的准确性和稳定性。货币互换则帮助企业在国际贸易和投资中规避汇率风险，使跨国经营更加稳健。互换合约还可用于资产组合的优化配置，通过精细化管理不同类型的风险，实现收益的最大化。

互换合约的应用不仅限于企业和投资者，金融机构同样是其主要用户。银行等金融机构通过互换合约管理其资产负债表的利率风险和货币风险，优化资本使用效率。监管机构也在不断完善互换市场的法规和监管框架，以确保市场的透明度和稳定性，保护各方利益。通过这样的机制，互换合约成为金融市场中不可或缺的工具，为各类市场参与者提供了更为稳健和灵活的风险管理手段。

（二）常见互换类型

利率互换是一种交换固定利率和浮动利率现金流的金融工具，在风险管理中具有重要作用。通过利率互换，企业或投资者可以将其持有的固定利率债务或资产转换为浮动利率，或反之。这种转换机制不仅能有效规避利率波动风险，还能实现成本优化。当市场利率上升时，浮动利率支付方的成本会增加，但通过利率互换，他们可以锁定一个较低的固定利率，减少支付压力。相反，如果市场利率下降，固定利率支付方可以通过互换获得浮动利率，享受市场利率下降带来的好处。

利率互换的流程较为复杂，需要对市场利率走势及企业自身的利率风险进行充分评估与预测。企业需明确其当前利率风险的暴露情况和希望通过利率互换达到的目标；随后，与金融机构或交易对手商议互换条件，包括互换金额、期限、固定利率和浮动利率的基准等；通过签订互换合约，正式开始利率互换操作。在整个过程中，企业需持续监控市场利率的变化，并及时调整互换策略，以确保风险管理的有效性。

利率互换还具有一定的灵活性，可以根据企业的需求进行个性化定制。企业可以选择不同的浮动利率基准，如 LIBOR 或 SHIBOR，以适应其特定的财务环境。利率互换的期限也可以灵活调整，从短期几个月到长期几十年不等，使企业可以根据其资金运作周期和风险偏好，选择最适合的互换方案。

货币互换是用于管理外汇风险的有效工具，通过交换不同货币的现金流，企业可以锁定汇率，规避汇率波动带来的不确定性。跨国企业在进行国际贸易、投资和融资时，通常会面临外汇风险。货币互换使企业能够在不同货币之间进行转换，保持财务稳定。货币互换通常涉及两部分：本金的交换和利息的交换。在合同开始时，双方会按照预先约定的汇率交换本金，之后在合同期限内，双方会定期交换利息支付，通常是一个固定利率和一个浮动利率。合同到期时，双方再按照最初的汇率交换本金，确保企业在合同期间内，不受汇率波动的影响，稳定其现金流。

货币互换不仅能帮助企业锁定汇率，还能优化其资金成本。某企业在国内市场上有较低的信用评级，难以获得低成本的融资，但在国外市场上，其信用评级较高，可以以较低利率融资。通过货币互换，该企业可以在国外市场上融资，并将其转换为所需的本国货币，降低融资成本。货币互换的运作需要专业的金融知识和市场分析。企业需对目标货币的汇率走势进行准确预测，并选择合适的互换对手和条件。同时，货币互换涉及的法律和税务问题也较为复杂，企业需充分考虑这些因素，确保操作的合法性和合规性。

第三节　保险在风险管理中的应用

一、保险在财富管理中的基本功能

（一）风险分散与转移功能

保险作为一种重要的风险管理工具，通过分散和转移风险，显著减少了个人和企业的潜在损失。面对各种不可预见的风险，如重大疾病、意外事故或财产损失，保险提供了经济上的保障，避免因突发事件导致的巨大财务负担。同样，企业在运营过程中也面临着自然灾害、市场波动或法律诉讼等风险，这些风险一旦发生，可能会对企业的财务状况造成严重影响。通过购买适当的保险，企业能够将这些风险转移给保险公司，从而确保其正常运营。

保险公司通过精算技术和风险评估，设计出不同类型的保险产品，以满足不同客户的需求。精算师和风险管理专家会对各种风险进行深入分析，并根据数据制定出合理的保费和保险条款。保险产品涵盖了从人身保险到财产保险，再到责任保险等多种类型，几乎覆盖了个人和企业所面临的各类风险。通过这种方式，保险不仅能实现风险的分散和转移，还为社会经济的稳定发展提供重要支持。

在保险合同中，保险公司承担了被保险人的风险，并在风险事件发生时提供经济补偿。这种机制使得保险成为一种有效的风险管理工具。通过收取保费，保险公司建立资金池，用于赔付可能发生的保险事件。当被保险人遭遇保险合同中约定的风险事件时，保险公司依据合同条款提供相应的经济补偿。这不仅帮助被保险人应对突发的财务需求，还能有效降低风险事件对其生活或经营的冲击。

保险公司的经济补偿功能在个人财富管理中尤为重要。在重大疾病保险中，保险公司在被保险人确诊患有合同约定的疾病时，支付一笔一次性的保险金或按治疗费用进行报销，帮助被保险人和其家庭渡过难关，避免因高额医疗费用导致的财务危机。财产保险和责任保险等产品在企业遭受财产损失或法律诉讼时提供经济补偿，帮助企业迅速恢复生产和经营。

（二）财富保护功能

保险是现代社会中不可或缺的财富管理工具，它在意外事件发生时能够提供及时的经济支持，从而保护个人和家庭的财富不受到重大损失。无论是意外伤害、重大疾病还是火灾等自然灾害，保险都能在事发后迅速提供赔付金，帮助被保险人及其家庭度过经济困难期。保险的赔付金不仅用于支付医疗费用、修复或重建财产，还可以补偿由于意外事件导致的收入损失，确保家庭的日常生活不受影响。这种经济支持在危机时刻尤为重要，能够有效避免家庭因突发事件陷入财务困境，进而稳固其长期的财富积累。

通过科学的保险规划，可以确保个人和家庭的财务目标得以实现，并维持稳定的生活质量。保险规划为家庭提供了一个安全网，使其在遭遇意外事件时仍能保持财务稳定。保险产品具有储蓄和投资功能，如人寿保险和年金保险，不仅能够提供风险保障，还能在保险期满时提供一笔可观的资金，支持子女教育、退休生活等长期财务目标的实现。保险规划还包括对不同风险的评估和覆盖，如健康保险、财产保险、责任保险等，使得个人和家庭能够全面、系统地管理各类潜在风险，最终实现财务稳健与生活质量的双重保障。

保险的财富保护功能不仅体现在提供经济支持和实现财务目标方面，还在于其独特的避税优势。某些类型的保险产品在法律规定下享有税收优惠政策，如人寿保险的保费支出可能在个税申报时享受扣除，保险赔付金通常也不计入应税收入。这些税收优惠能够进一步提升保险的财富保护效能，使得被保险人在享受保障的同时，能够实现更多的财富积累和保值增值。

（三）保障功能

保险作为一种重要的财富管理工具，提供了全面的保障，涵盖人身保险、财产保险和责任保险三大主要类别。人身保险包括寿险、健康险和意外险，能够为被保险人提供生命、健康和意外伤害的保障，减轻因疾病、意外等不可预测事件带来的经济压力。财产保险主要针对个人或企业的有形资产，提供火灾、盗窃、自然灾害等风险的保障，有效减少财产损失的可能性。责任保险则是为被保险人因疏忽或过失行为导致的第三方损害提供经济赔偿，包括公众责任险、雇主责任险和产品责任险等，能够在法律责任发生时提供必要的资金支持。这种多层次、多维度的保障体系，使得保险成为应对各种风险的重要手段。

保险的保障功能不仅限于某一特定领域，而是广泛涵盖健康、意外和财产损失等多个方面，这种全方位的风险覆盖，大大提升了个人和家庭的财务安全性。在健康保障方面，健康保险和重大疾病保险可以在被保险人罹患疾病时提供治疗费用和收入补偿，避免因高额治疗费用而陷入财务困境。意外保险能够在发生意外事故时，提供紧急医疗和收入损失补偿，确保家庭的基本生活水平不受重大影响。财产保险通过对房屋、车辆和其他贵重物品的保障，为被保险人提供因自然灾害、火灾、盗窃等事件造成的财产损失的赔偿，确保其财产安全。

二、常见的保险产品类型及选择

（一）人寿保险

人寿保险在财富管理中起着至关重要的作用，主要因为它能够提供生命保障，在被保险人去世时给予受益人经济补偿。这种经济补偿不仅能够帮助家庭渡过财务难关，还能确保子女教育、日常生活开支等方面的资金需求得到满足。通过有效的人寿保险规划，家庭可以在面临最坏情况时依然保持财务稳定，避免因失去主要收入来源而陷入困境。

人寿保险根据不同的保障期限和功能分为多种类型，主要包括定期寿险、终身寿险和两全保险。定期寿险是指在一定期限内提供保障的保险产品，如果被保险人在保险期间内去世，保险公司会支付相应的保险金。此类保险通常保费较低，适合年轻家庭或需要在特定时期内提供较高保障的个人。

终身寿险则是一种提供终身保障的保险产品，无论被保险人在何时去世，受益人都能获得保险金。由于其保障期限长和具有现金价值积累的特点，终身寿险的保费通常较高。此类保险适合有长期保障需求和财富传承需求的家庭或个人，既能提供生命保障，又能作为一种长期的投资工具。

（二）财产保险

财产保险是一种重要的风险管理工具，旨在保护个人和企业的财产免受各种潜在风险的侵害。自然灾害、盗窃和意外损失是财产损失的主要原因，这些风险不仅会对财产本身造成直接损失，还可能引发一系列间接损失，如业务中断、生产停滞等。通过购买适当的财产保险，个人和企业可以在这些不确定事件发生时，获得经济补偿，从而减轻损失的严重性，确保财产的安全性和稳定性。

财产保险的覆盖范围非常广泛，包括火灾、水灾、地震等自然灾害，以及盗窃、破坏等人为因素造成的损失。对于个人而言，财产保险主要集中在家庭财产的保护上，如房屋保险和个人财产保险。房屋保险不仅涵盖房屋结构本身，还包括房屋内的家具、电器等个人财物。对于企业而言，财产保险则涵盖企业的固定资产、库存、设备等，确保在意外事件发生时，企业能够快速恢复正常运营，减少经济损失。

财产保险的选择需要根据个人或企业的具体需求进行评估。对于居住在地震多发地区的家庭，地震险是必备的险种；对于处于洪水风险区的企业，洪水险则显得尤为重要。保险金额的设定也应充分考虑财产的实际价值和潜在风险的严重程度，以确保在损失发生时，保险赔偿能够覆盖实际损失。此外，保险条款的细节，如免赔额、赔偿范围、赔付比例等，都需要仔细审阅，以确保保险合同能够真正发挥其风险管理的作用。

科学合理地选择和配置财产保险，个人和企业可以在面对自然灾害、盗窃和意外损失时，最大限度地减少经济损失，保障财产的安全。同时，财产保险也是财富管理的一部分，通过保险的手段，个人和企业可以更好地规划和管理自身的财务风险，从而实现财富的保值和增值。

房屋保险是个人财产保险中的一个重要类别，旨在保护房屋及其内部财产免受火灾、盗窃、风暴和其他自然灾害的侵害。保险覆盖范围不仅包括物理结构，还包括家具、电器和其他个人物品。某些政策甚至涵盖因灾害或维修需要临时居住在其他地方的费用。通过房屋保险，家庭可以在灾难发生时获得经济补偿，迅速恢复正常生活。

汽车保险是另一种常见的财产保险，专门针对机动车辆提供保护。它涵盖因交通事故、盗窃、火灾和其他意外事件造成的损失和损害。法律在许多国家要求车主必须购买汽车保险，以确保在发生事故时，受害方能够得到经济补偿。汽车保险通常包括责任险、碰撞险和综合险等多个部分，根据需求可以选择不同的保障范围。

企业财产保险旨在保护企业的各种资产，包括建筑物、设备、库存和其他固定资产。它涵盖了企业在火灾、盗窃、自然灾害等事件中的损失，确保企业能够迅速恢复运营，减少经济损失。企业还可以选择附加业务中断保险，保障在灾难期间的收入损失和额外开支。这种保险对企业的长期稳定运营至关重要，有利于企业在面对不确定风险时保持竞争力。

（三）健康保险

健康保险在财富管理中的重要性不言而喻。其主要目的在于减轻个人和家庭因疾病带来的经济负担，涵盖门诊、住院和手术费用等各类医疗支出。随着医疗技术的不断进步和医疗费用的逐年攀升，健康保险成为个人财富保值和增值的重要手段之一。在财富管理的过程中，合理配置健康保险能够有效减少因疾病或意外导致的财务风险，保障个人和家庭的财务稳定。

健康保险在具体实践中通常包含两大类：基础健康保险和补充健康保险。基础健康保险主要是指国家或公司提供的基本医疗保障，旨在为广大群众提供最基本的医疗服务。它的覆盖范围相对广泛，但保障水平较低，通常只能满足基本的医疗需求。对于高额医疗费用或特需医疗服务，基础健康保险往往难以完全覆盖。

补充健康保险则是对基础健康保险的一种补充，通常由个人或企业自行购买，目的是提供更高水平的医疗保障。补充健康保险可以涵盖诸如高端医疗服务、特需病房、私立医院治疗等基础健康保险无法覆盖的部分，从而提升被保险人的医疗保障水平。对于高净值人群或希望获得更全面医疗保障的人士，补充健康保险是财富管理中的重要工具。

在财富管理过程中，选择适合的健康保险产品需要综合考虑个人健康状况、家庭财务状况、医疗需求以及未来可能面临的医疗风险等因素。通过合理配置基础健康保险和补充健康保险，能够有效降低突发医疗事件对个人和家庭财务状况的冲击，确保财务规划的稳定性和可持续性。

三、保险在不同风险场景中的应用

（一）家庭财务风险

在家庭财务风险管理中，人寿保险和健康保险是两种至关重要的工具。人寿保险在家庭主要收入来源突然中断时，提供一笔可观的赔付金额，保障家庭的正常生活开支和子女教育费用。通过缴纳一定保额的保险费，投保人确保其身故或重大疾病时，家庭成员能够获得赔付金，弥补收入损失，避免经济困境。健康保险则针对医疗费用的风险管理，涵盖医疗费用、住院费用以及特定疾病的治疗费用。随着医疗费用不断上涨，健康保险能有效减轻家庭在面对重大疾病或意外伤害时的经济负担，确保家庭能够获得及时、有效的医疗服务。

人寿保险和健康保险的配置应根据家庭的具体情况进行，考虑因素包括家庭成员的年龄、健康状况、收入水平以及未来的财务目标。合理的保险额度设置既要涵盖可能的风险，又要在家庭财务承受能力范围内。人寿保险的保额建议为年收入的五～十倍，而健康保险则应涵盖主要医疗费用和住院费用。通过科学规划和合理配置保险产品，家庭能够在面对潜在的财务冲击时，保持财务稳定性和与以往一样的生活质量。

为了应对突发的财务需求，设置紧急预备金是家庭财务规划中的重要环节。紧急预备金一般建议为家庭三～六个月的生活开支，存放在流动性较高的金融工具中，如储蓄账户或货币市场基金。紧急预备金的存在，可以在失业、重大疾病或其他紧急情况发生时，提供及时的财务支持，避免因短期资金短缺而陷入财务困境。

家庭财产保险是保护家庭资产的重要手段，主要涵盖房屋、车辆及其他高价值财产的损失风险。此类保险能够在房屋遭遇火灾、洪水、地震等自然灾害，或车辆发生意外事故时，提供赔付保障，减轻家庭在重建或维修时的经济负担。合理的家庭财产保险配置不仅要涵盖主要资产，还应根据资产的实际价值和风险情况，选购适当的保险产品和附加险种，以确保全面的风险保障。

（二）企业经营风险

在当今充满不确定性的商业环境中，企业面临着多种潜在风险，如自然灾害、意外事故和法律诉讼等。为了有效应对这些风险，企业可以通过投保财产保险、责任保险和雇主责任险等保险产品来减少经营中的不确定性。财产保险主要针对企业的有形资产，如建筑物、设备和库存等，提供保障。通过投保财产保险，企业能够在火灾、盗窃、洪水等事故发生后，迅速获得经济补偿，从而减少停工造成的经济损失，快速恢复生产能力。

责任保险是针对企业在经营过程中可能引发的法律责任所提供的保障。企业在生产、销售产品或提供服务时，可能因产品缺陷或服务失误导致第三方受损，进而面临法律诉讼。责任保险可以涵盖这些法律费用及赔偿金，帮助企业避免因诉讼导致的财务困境。企业应根据自身业务特点选择合适的责任保险产品，如产品责任险和职业责任险，以全面应对潜在的法律风险。

雇主责任险是专门为员工在工作过程中可能遭受的伤害或疾病提供保障的保险产品。员工是企业最重要的资源，保障员工的安全和健康不仅是企业的法律责任，也是其社会责任。雇主责任险可以为员工在工作中受伤或患病提供经济补偿，包括医疗费用和薪酬损失等，从而减轻企业的经济负担，维护员工的权益和工作积极性。

当企业遭遇自然灾害或意外事故后，迅速恢复生产能力是其生存和发展的关键。保险在这一过程中扮演着不可或缺的角色。通过财产保险，企业可以获得必要的资金支持，用于修复受损的设备、重建厂房和补充库存，使其尽快恢复正常运营。此外，保险公司通常具备丰富的灾害管理经验，可以为企业提供专业的灾后恢复建议和服务，帮助其更有效地应对灾害带来的挑战。

在法律责任保障方面，责任保险和雇主责任险为企业提供了重要的防护屏障。企业在经营活动中难免会遇到各种法律纠纷，如果没有足够的风险管理措施，可能会陷入严重的财务危机。责任保险能有效转移因第三方索赔而产生的经济风险，确保企业的财务稳定性。雇主责任险则确保企业在员工伤害或疾病事件中履行法定义务，降低因员工索赔带来的经济压力。

（三）投资连结风险

投资连结保险是一种集保险与投资功能于一体的金融产品，典型例子是变额年金。这类保险将部分保费投入到投资账户中，这些账户通常包含股票、债券、货币市场工具等多种金融资产。通过专业的投资管理团队进行资产配置，投资者在市场表现良好时有机会获得较高的投资回报。投资连结保险还提供基本的保险保障功能，使投资者在享受投资收益的同时能够获得风险保障。变额年金作为一种投资连结保险，提供灵活的投资选项和多样化的投资组合，投资者可以根据自身的风险承受能力和投资目标选择合适的投资组合。由于这些资金由专业的资产管理团队进行管理，投资者能够获得专业的投资建议和风险管理策略。此外，这类保险产品通常提供年金领取选项，使投资者在退休后可以定期领取年金，确保养老资金的稳定性。

市场波动是投资者在财富管理时必须面对的重要风险。为了应对市场的不确定性，保险公司在设计投资连结保险产品时通常会提供一定的最低保证收益。这意味着无论市场表现如何，投资者都能够获得一个确定的最低收益率，从而降低投资风险。最低保证收益的存在为投资者提供了一定的保护，避免因市场下跌而导致的巨大损失。这一机制在投资连结保险中起到了重要的风险管理作用，不仅为投资者提供了心理上的安全感，还增强了他们在市场不确定性较高情况下继续投资的信心。通过最低保证收益，保险公司承担了部分市场风险，投资者则可以在享受市场上涨收益的同时减少市场下跌带来的损失。这样，投资连结保险成为财富管理中的一种重要工具，有助于投资者实现长期的财富增长和风险管理目标。

第六章　不同类别的财富管理实践

第一节　个人财富管理

一、个人财富管理的定义与范围

（一）个人财富管理的基本概念

个人财富管理是指通过科学合理的规划与管理，实现个人的财务目标和提升生活品质的过程。它的核心在于根据个人的财务状况、风险偏好和生活目标，制定出一系列合理的投资、储蓄、消费和保险策略。这不仅是财富的积累，更重要的是财富的保值增值和风险控制。

收入管理是个人财富管理的重要环节。通过合理的收入管理，个人可以更好地规划和分配每一笔收入，以实现长期的财务稳定和财富积累。收入管理包括工作收入、投资收益等多个方面，需要根据个人的职业发展规划和市场机会来进行动态调整。

支出管理在个人财富管理中同样至关重要。有效的支出管理可以帮助个人合理控制消费，避免不必要的开支，从而增加储蓄和投资的能力。支出管理需要详细记录和分析日常消费，制定合理的预算，并严格执行，以确保每一笔开支都能够为生活品质和财务目标服务。

资产配置是实现财富保值增值的关键。通过合理的资产配置，个人可以在不同的经济环境中保持财务的稳定和增长。资产配置包括股票、债券、房地产、现金等多种资产类别，需要根据个人的风险偏好和市场状况进行动态调整，以实现最佳的收益与风险平衡。

税务规划可以帮助个人合法合理地减轻税务负担，提高净收益。通过了解和利用各种税收优惠政策和工具，个人可以在财富管理过程中有效降低税务成本，增加可支配收入。税务规划需要对个人财务状况和税法有深入的了解，才能制定出切实可行的策略。

退休规划是个人财富管理的长期目标之一。通过提前规划和准备，个人可以在退休后保持稳定的收入和生活品质。退休规划包括养老金的积累、退休后的支出预算、医疗保险等多个方面，需要根据个人的退休年龄、预期寿命和生活方式来进行详细的设计和调整。

保险规划是个人财富管理中不可或缺的一环。通过合理购买各种保险产品，个人可以有效转移和分散风险，保障自身和家庭的财务安全。保险规划包括健康保险、寿险、意外险等多个方面，需要根据个人的健康状况、职业特点和家庭需求来进行选择和配置。

遗产规划可以帮助个人在去世后顺利传承财富，避免因为税务和法律问题造成遗产损失。通过设立遗嘱、信托等工具，个人可以明确指定遗产的分配方式，确保财富能够按照自己的意愿传承给指定的继承人。遗产规划需要考虑法律、税务和家庭关系等多方面因素，才能制订出合理有效的方案。

（二）个人财富管理的范围

个人财富管理是一个系统化的过程，旨在通过科学的财务规划和策略，实现个人资产的保值和增值。它不仅涉及财富的积累，更强调如何有效地管理和分配这些财富，以满足个人的财务目标和生活需求。

收入管理是个人财富管理的基础。这包括如何有效地管理工资、奖金和其他收入来源，以确保个人财务的健康和稳定。合理的预算和支出控制是实现这一目标的关键，通过这些措施，个人可以最大化可支配收入，为未来的财务规划打下坚实的基础。

储蓄和投资规划是财富积累和增值的核心。储蓄通过定期的存款和储蓄计划，确保个人能够应对未来的财务需求。而投资规划则通过科学的资产配置和投资策略，实现财富的增长。投资工具多种多样，包括股票、债券、基金和不动产等。个人需要根据自身的风险承受能力和财务目标，选择并制定适合的投资组合，以实现财富的最大化增值。

风险管理在个人财富管理中占据重要地位。个人在理财过程中会面临市场风险、信用风险和流动性风险等多种风险。通过购买保险、分散投资和合理配置资产，可以有效地降低这些风险，保护个人的财务安全。保险产品如健康保险、寿险和财产保险，能够为个人提供多层次的保障，减少财务风险对生活的影响。

税务规划是个人财富管理中不可忽视的环节。通过合法的税收筹划，个人可以有效减轻税务负担，增加实际收入。合理的税务规划不仅能提高财富的积累速度，还能帮助个人在法律框架内实现税收的最优安排。

遗产管理涉及财富的传承和分配。通过遗嘱和信托等工具，个人可以在法律框架内合理分配财富，以确保财富的传承符合个人的意愿。遗产管理不仅关系到财富的合理分配，更涉及家族财富的延续和稳定发展，是个人财富管理的重要组成部分。

（三）个人财富管理的特点

个人财富管理是一项复杂且个性化的任务，它需要综合考虑多方面的因素，并制订出最适合个人需求的理财方案。每个人的财务状况、风险偏好、人生目标和家庭结构都是独特的，这决定了财富管理方案必须量体裁衣，不能千篇一律。财富管理专家需要深入了解客户的具体需求和背景，设计出最适合其个人情况的理财方案。通过这样的个性化管理，不仅可以最大化客户的财富增值，还能在风险控制方面更加有效，使客户的财务生活更具稳定性和持续性。

财富管理是一项长期且全局性的任务。财富的积累和管理不是短期内可以完成的，而是需要长时间持续进行的系统工程。从年轻时期的职业规划、储蓄和投资，到中年时期的资产配置和风险管理，再到退休后的养老规划，每个阶段都需要有明确的策略和目标。全局性的视角要求财富管理不仅关注资产的增值，还要兼顾家庭、健康、教育、养老等多方面的需求，以实现整体财务健康。

透明度和信任度在个人财富管理中至关重要。客户和财富管理专家之间的信任关系是成功管理的基石。客户需要对自己的财务状况有清晰的了解，并对财富管理专家提供的建议和策略保持高度信任。这种信任关系的建立依赖于双方的有效沟通和信息透明度。财富管理专家需要定期向客户报告资产状况和投资成绩，并在重大决策时与客户充分讨论，确保客户对每一步操作都心中有数。

个人财富管理还需要具备高灵活性和适应性。市场环境、宏观经济形势、个人生活状况和政策法规都在不断变化，个人财富管理方案也必须随之调整。财富管理专家需要具备敏锐的市场洞察力和快速反应能力，及时根据外部环境和客户个人情况的变化，调整投资组合和管理策略，以确保财富管理的有效性和可持续性。

二、个人财务目标设定与实现

（一）财务目标设定的原则

财务目标设定是个人财富管理的核心环节，其成败直接影响到个人财务规划的有效性和长远发展。因此，在设定财务目标时，需要遵循一系列科学合理的原则，以确保目标的可行性与可持续性。

目标必须具备明确性。明确的目标能够帮助个人在复杂的财务环境中保持方向感，避免因目标模糊而导致的行动偏差。设定具体的储蓄目标时，不仅要明确储蓄的具体金额，还应明确实现该目标的时间期限和具体步骤。比如，为了购买一辆汽车，可以设定在三年内储蓄十万元，并每月固定储蓄一定金额。这种明确性能够确保个人在财务规划中有清晰的方向和具体的行动计划。

财务目标应具备可量化性与可实现性。可量化的目标能够通过具体的数字指标进行衡量，如储蓄金额、投资回报率等。可实现性则要求目标在当前或可预见的未来具备现实性，既不要过于保守而失去激励作用，也不要过于激进而难以达成。为了设定可实现的目标，需要综合考虑个人的收入水平、消费习惯、风险承受能力和市场环境等多重因素。例如，计划在五年内购房，就需要评估当前的收入和支出情况，合理设定储蓄比例和投资策略。

目标设定还应具有灵活性和调整性。财务环境和个人生活情况可能会随着时间发生变化，如收入增加、家庭结构变化、市场波动等。因此，财务目标不能一成不变，需要根据实际情况进行灵活调整，以确保目标始终与个人的实际情况相符。比如，原先设定的购房目标可能需要随着房价和收入的变化进行调整，这样才能更好地适应当前的财务状况和市场环境，避免因目标不合时宜而导致的财务压力。

财务目标设定必须考虑整体性和系统性。个人的财务目标往往是多种多样的，如储蓄、投资、保险、债务管理等，各类目标之间可能存在相互影响和制约。因此，在设定具体目标时，必须将其置于整体财务规划的框架内，进行系统性考量和统筹安排，以实现各类目标之间的协调与平衡。通过这种系统性的规划，可以更有效地优化个人的财务状况，确保不同财务目标之间的互补和支持，从而实现长期的财务健康和稳定。

（二）短期与长期财务目标

在财富管理中，设定短期与长期财务目标是至关重要的一部分。短期财务目标通常是指在一年以内需要实现的财务计划，如应急储蓄、消费支出和短期投资等。这些目标的设定需要考虑个人的流动性需求和风险承受能力，确保在不影响日常生活质量的前提下，能够有效地积累财富。短期目标的实现过程通常较为直接，策略上以稳健为主，避免高风险投资。通过合理规划短期目标，个人可以在较短时间内实现财务上的稳健增长和安全保障。

长期财务目标则是指需要一年以上甚至更长时间才能实现的财务计划，如购房、子女教育和退休养老等。设定长期目标时，需要综合考虑未来生活中的重大支出和收入预期，进行长期的财务规划。由于时间跨度较大，长期目标的实现需要通过多元化的投资组合和持续的财富积累来完成。在策略选择上，可以适当增加高收益、高风险的投资品种，如股票和基金等，以期在较长时间内获得更高的回报。长期目标的设定与实现需要综合考虑市场环境和个人财务状况的变化，确保财务规划的可行性和持续性。

短期与长期财务目标的设定与实现还必须相互协调。短期目标的达成不仅是长期目标实现的基础，也是对个人财务管理能力的一种检验。长期目标的设定则需要分解成多个短期目标，通过阶段性的目标实现，逐步积累财富，最终达到长期目标。此外，还需要在设定财务目标时预留一定的灵活性，以应对不确定的市场环境和个人财务状况的变化。灵活的财务目标设定可以帮助个人更好地应对各种突发情况，确保财务计划的持续有效。

在实践中，个人财务目标的设定应当具有 SMART 原则，即具体、可衡量、可实现、相关性和时限性。明确的目标可以帮助个人更好地规划财务路径，并通过定期的评估和调整，确保财务计划的有效性和可行性。实践中，建议定期对财务目标进行回顾和调整，以应对生活中可能出现的各种变数和挑战。通过定期评估和调整，个人可以确保财务目标始终与现实状况相符，逐步实现财务自由和生活目标。

（三）目标实现的步骤与方法

实现财务目标是一个系统性和持续性的过程，需要通过明确目标、制订计划、执行和监控，以及定期复盘和调整来进行管理。以下是具体的步骤与方法。

目标实现的第一步是明确具体的财务目标。个人应根据自身的生活需求、家庭责任和职业发展等因素，设定清晰、可量化的短期、中期和长期财务目标。短期目标可能包括建立应急储备、日常消费支出等，中期目标则可能涉及购房、子女教育等重大事项，长期目标通常涵盖退休规划、遗产传承等关键领域。确保这些目标的明确性和可操作性是至关重要的，因为只有这样才能在后续过程中有效跟踪和调整进展。

制订详细的财务计划是实现目标的第二步。财务计划需要涵盖收入和支出的具体安排、储蓄和投资的策略，以及风险管理措施。对个人的现金流进行详细分析，明确每个月的固定和可变支出，在满足基本生活需求的同时，合理分配储蓄和投资的比例。根据不同财务目标的时间节点，选择适当的投资工具和产品，如储蓄账户、股票、债券、基金等，以确保资产的增值和保值。还需要考虑使用保险等风险管理工具，以应对可能的突发事件，避免财务计划的中断。

执行和监控财务计划是第三步。在这一阶段，个人需要严格按照既定计划进行收入管理、支出控制和投资操作。定期对财务状况进行评估和调整，确保各项安排能够紧密围绕既定目标进行。使用财务管理软件或工具，可以帮助个人更准确地记录和分析财务数据，及时发现和纠正偏差。监控过程中，还需关注宏观经济环境和市场变化，灵活调整投资策略，以应对外部环境的不确定性，提高财务计划的执行效果。

定期复盘和调整财务目标与计划。随着个人生活阶段的变化、职业发展的进展以及市场状况的波动，财务目标和计划也需要相应地调整和优化。每年或在重大事件发生后，进行一次全面的财务复盘，审视目标实现的进展情况，评估现有策略的有效性。必要时，对目标和计划进行修正，以确保财务管理的持续性和有效性。通过这一动态调整过程，个人能够更好地适应变化，实现长期的财务健康和财富增长。

三、个人资产配置策略

（一）资产配置的基本原则

资产配置是个人财富管理中的核心环节，其基本原则决定了投资组合的结构和风险承受能力。资产配置应基于投资者的风险承受能力和风险偏好。不同投资者对风险的承受能力各不相同，年轻的投资者可能更愿意承担高风险以追求高回报，而年长的投资者则可能更倾向于保守的投资策略。因此，了解并评估投资者的风险承受能力和风险偏好是资产配置的重要前提。

通过在不同资产类别之间分散投资，可以降低投资组合的整体风险。多元化不仅包括股票、债券、房地产等不同资产类别，还包括在同一资产类别内的地域、行业和公司规模的分散。投资者可以通过多元化有效减少单一资产类别或个别投资标的波动对整体投资组合的影响，从而实现更稳定的回报。

投资者的投资目标和时间跨度对资产配置有重要影响。不同的投资目标，如退休规划、子女教育、购房计划等，对资产配置的要求各不相同。例如，短期目标可能需要更高的流动性和低风险的资产，而长期目标则可以承受更高的波动，追求更高的回报。根据投资目标的不同，合理配置资产的时间跨度，使投资策略更具针对性和有效性。

资产配置需要动态调整，以应对市场环境和个人情况的变化。市场的波动、经济周期的变化、个人财务状况的改变等因素，都可能影响资产配置策略的有效性。定期评估投资组合，是根据实际情况进行调整，确保资产配置始终符合投资者的风险承受能力和投资目标，是实现财富管理目标的重要保障。

（二）个人投资组合的构建

构建个人投资组合是财富管理中的核心环节，它直接关系投资者的财富保值与增值。要构建一个科学合理的投资组合，需要综合考虑多方面的因素，包括投资者的风险承受能力、财务目标、投资期限以及市场环境等。通过多元化投资，将资产分散在不同类型的金融产品中，可以有效降低单一市场或资产类别的波动风险，从而实现更稳定的投资收益。

明确投资目标是构建个人投资组合的首要步骤。这些目标包括短期的现金流需求和长期的财富积累目标。投资目标的确立不仅影响资产配置的比例，还决定了投资策略的灵活性。例如，对于退休储蓄计划，投资者可能更倾向于选择稳健型的资产，如债券和优质股票。这类资产具有较低的波动性和稳定的收益率，能够保障长期财富积累。而对于短期的高收益需求，投资者可能会更倾向于风险较高但潜在回报也较高的资产，如股票或房地产。这类资产尽管波动性较大，但在短期内可能带来较高的收益。

风险管理是投资组合构建中的关键环节之一。投资者需要根据自身的风险承受能力，合理分配高风险和低风险资产的比例。年轻的投资者由于风险承受能力较强，可以配置较高比例的股票等高风险资产。这是因为年轻的投资者有较长的投资期限，可以承受短期市场波动。而年长的投资者则应更多配置债券等低风险资产，以保障投资的稳定性和安全性。此外，通过地域和行业的分散投资，也可以进一步降低投资组合的整体风险。例如，将资金分散投资于不同国家和不同行业，可以有效防范单一市场或行业波动带来的风险。

（三）动态资产配置策略

动态资产配置策略是财富管理中的重要组成部分，旨在通过对资产组合的不断调整和优化，实现风险与收益的平衡。这种策略强调投资者根据市场环境和自身需求的变化，主动调整资产配置，以应对市场波动和经济周期变化。与传统的静态资产配置不同，动态资产配置策略更具灵活性和适应性，能够在不同的市场环境中寻求最佳投资机会。

实施动态资产配置策略需要依赖于对宏观经济、市场趋势和个别资产表现的深入分析。投资者需要关注全球经济环境的变化，如利率、通货膨胀、货币政策和地缘政治因素等。这些因素直接影响到各类资产的表现，从而需要对资产配置进行相应调整。例如，在经济增长放缓或市场波动加剧时，投资者可能会增加对防御性资产如债券和黄金的配置，减少对高风险资产如股票的投资。

风险管理是动态资产配置策略中的关键环节。通过定期再平衡和调整资产组合，投资者可以控制投资组合的风险水平，避免因市场波动导致的过度损失。再平衡的频率和幅度应根据投资者的风险承受能力和投资目标来确定。高频率的再平衡可能增加交易成本，但能够更及时地响应市场变化，而低频率的再平衡则能够减少交易成本，但可能错过市场调整的最佳时机。

技术工具和数据分析在动态资产配置策略中扮演着越来越重要的角色。现代金融技术的发展使得投资者可以利用大数据、人工智能和机器学习等工具，对市场数据进行深度挖掘和分析，从而更准确地预测市场趋势和资产表现。这些技术手段不仅提高了动态资产配置的效率，也增强了投资决策的科学性和准确性。

动态资产配置策略的成功实施还需要投资者具备丰富的专业知识和实践经验。投资者需要不断学习和适应市场变化，掌握各类资产的特性和投资策略，同时要具备良好的心理素质和决策能力，以应对市场的不确定性和复杂性。通过持续的学习和实践，投资者可以不断优化和完善自己的动态资产配置策略，实现财富的长期稳健增长。

第二节　家庭财富管理

一、家庭财务状况评估与分析

（一）家庭财务健康指标

家庭财务健康指标是衡量一个家庭财务状况的重要工具。这些指标不仅可以帮助家庭了解其当前的经济健康状况，还能为未来的财务决策提供有力依据。以下是一些常见的家庭财务健康指标及其详细解释。

储蓄率是衡量家庭在收入中扣除消费后所剩余部分的比例。一个较高的储蓄率通常表明家庭具备较好的财务健康状况，能够应对突发的财务需求并为未来的投资积累资本。储蓄率不仅反映了家庭的节约能力，还能显示出家庭的财务规划水平。一般建议家庭的储蓄率保持在20%以上，以确保财务的稳健性和长期发展。

负债收入比通过家庭的总负债与总收入的比值来衡量其负债水平。较高的负债收入比意味着家庭的财务风险较高，可能难以应对突如其来的经济变动。这一指标直接关乎家庭的偿债能力和财务稳定性。通常建议负债收入比控制在35%以下，以维持家庭的财务稳定和偿债能力，从而避免陷入财务困境。

资产负债率是家庭总负债与总资产的比率，用于评估家庭的财务杠杆程度。较低的资产负债率表明家庭在财务上更加稳健，负债压力较小。高资产负债率可能意味着家庭在面对经济波动时容易受到更大的冲击。一般来说，家庭的资产负债率应低于50%，以确保在紧急情况下有足够的资产来偿还负债，维持财务的稳定性。

流动比率是衡量家庭短期偿债能力的重要指标，计算方法是流动资产除以流动负债。高流动比率表明家庭具有较强的短期偿债能力，能够应对日常开支和突发费用。流动比率反映了家庭的流动性和应急能力。通常，流动比率应保持在1.5以上，以确保家庭有足够的流动性，能够应对各种短期财务需求。

财务自由度是指家庭在不依赖工资收入的情况下，能够维持当前生活水平的时间长度。财务自由度越高，说明家庭的被动收入较高或储蓄较为充足，财务状况越健康。实现较高的财务自由度是许多家庭的目标，这不仅涉及良好的储蓄习惯，还需要有效的投资策略。通常建议家庭逐步增加投资性收入和储蓄，以提升财务自由度，从而实现更大的财务自主性和生活质量。

（二）家庭收入与支出分析

家庭收入与支出分析是家庭财富管理的基础环节，通过对家庭收入和支出的全面了解，可以为家庭资产配置、风险管理和未来财务规划提供有力依据。家庭收入通常包括工资收入、奖金、投资收益、租金收入等多种来源。对这些收入来源的稳定性、增长潜力进行分析，可以帮助家庭明确当前的财务能力和未来的收入预期。

家庭收入包括多个方面。工资收入是家庭收入的主要来源，反映家庭成员的劳动回报和职业稳定性；奖金则是对工作成效的附加奖励，具有不确定性。投资收益是通过金融产品如股票、基金、债券等获得的回报，受市场波动影响较大；租金收入则来自不动产租赁，稳定性较高。分析这些收入来源的稳定性和增长潜力，可以帮助家庭明确当前的财务能力和未来的收入预期。

家庭支出涵盖日常生活消费、教育费用、医疗支出、房贷及其他贷款的还款等多方面内容。日常生活消费包括衣食住行等基本开支，教育费用涉及子女教育和自我提升，医疗支出是保障健康的重要投入，房贷和其他贷款的还款则是固定的财务负担。通过对家庭支出的分类与记录，可以了解各项支出的比例和变化趋势，识别可能存在的财务压力点和潜在风险。

家庭支出分析的一个重要方面是识别财务压力点和潜在风险。例如，过高的房贷比例可能会影响家庭的现金流稳定性，增加财务压力；过多的非必要消费则可能导致家庭储蓄率不足，影响长期财务规划。通过分析这些支出结构，可以找到优化家庭财务管理的具体路径，增强家庭的财务稳健性。

在进行收入与支出分析时，除了定量的财务数据分析，还需结合定性分析。家庭成员的职业稳定性、未来的职业发展规划、家庭成员的健康状况等因素，都可能对家庭收入和支出产生重大影响。例如，家庭成员的职业前景和健康情况，可以直接影响未来的收入潜力和支出需求。通过综合这些定量和定性因素，才能形成对家庭财务状况的全面评估。

（三）家庭资产与负债评估

家庭资产与负债评估是家庭财富管理的基础环节，它不仅能够帮助家庭了解当前的财务状况，还能为家庭财务规划提供重要依据。评估家庭资产与负债需要全面、细致地分析家庭的各类财产和债务，以确保财务状况的透明性和准确性。家庭资产主要包括现金、存款、投资、房地产、车辆等有形和无形资产，而家庭负债则包括各种贷款、信用卡债务等。

对各类资产进行详细的分类和估值是评估家庭资产的关键步骤。现金和存款的评估相对简单，主要是对家庭各类银行账户的余额进行统计。投资类资产则需要考虑市场价值和风险因素，如股票、基金、债券等投资产品的现值。房地产和车辆等不动产和动产的评估则需要借助专业的估值方法和市场行情分析，以确定其公允价值。此外，家庭还应关注无形资产的评估，如知识产权、专利等，这些资产虽然不具备实体形态，但在家庭财富中可能占据重要地位。

全面梳理各类负债的种类、金额和利率等信息是家庭负债评估的重要内容。常见的家庭负债包括住房贷款、汽车贷款、个人信用贷款和信用卡债务等。在评估过程中，需要详细记录每一笔债务的本金、利率、还款期限等关键数据，并计算出每个月的还款金额和总还款金额。此外，还需考虑未来可能产生的负债，如子女教育费用、医疗费用等，这些潜在负债也应纳入评估范围。

通过对家庭资产与负债的详细评估，可以计算出家庭的净资产，即家庭总资产减去总负债后的余额。净资产的计算不仅能够反映家庭的真实财富水平，还能为家庭财务决策提供重要参考。若家庭负债过高，则需要制订相应的还款计划和负债控制策略；若家庭资产充足，则可以考虑进一步投资和财富增值的机会。通过科学、系统的资产与负债评估，家庭可以更加清晰地了解自身财务状况，从而进行合理的财富管理。

二、家庭财务目标的设定与规划

（一）家庭财务目标的设定

家庭财务目标的设定是家庭财富管理的基础环节。合理的财务目标能够为家庭提供明确的方向和动力，使得家庭成员在财富积累和管理过程中能够有的放矢。为了有效地设定家庭财务目标，首先需要对家庭的当前财务状况进行全面评估。这包括收入、支出、资产和负债的详细分析，以便了解家庭的财务健康状况。

全面评估家庭的当前财务状况是设定财务目标的首要步骤。家庭的收入包括工资、投资收益、租金收入等，而支出则涵盖日常生活开销、贷款还款、保险费用等。资产方面需要详细列出房产、车辆、储蓄、投资等项目，负债则包括贷款、信用卡债务等。通过详细的财务状况分析，能够全面了解家庭的财务健康状况，为后续目标设定提供基础数据支持。

识别家庭成员的财务需求和愿望是设定目标的关键环节。每个家庭成员的需求和愿望可能有所不同，如子女教育、购房、退休规划、医疗保障等。需要通过家庭内部的沟通和协调，了解每个成员的具体需求，并进行优先级排序。这样可以形成一个综合性的财务目标框架，既满足短期的需求，也考虑到长期的财务安全与稳定。

设定家庭财务目标时，外部环境的变化和不确定性因素不可忽视。经济形势、政策变化、市场风险等都可能对家庭财务状况产生影响。为了应对这些变化，家庭财务目标应具有弹性和适应性。例如，建立应急储备金和风险管理机制，可以在面对突发事件时，帮助家庭稳步推进财务目标的实现，确保财务规划的持续性和稳定性。

（二）财务目标的优先级

财务目标的优先级设定是家庭财富管理中的关键环节，通过明确各财务目标的轻重缓急，能够有效地配置资源，确保家庭财务的稳健和可持续发展。设定财务目标的优先级需要结合家庭的具体财务状况、成员需求和外部经济环境等因素，进行综合评估和权衡。

短期目标往往需要优先考虑。短期目标通常包括应急储备、短期消费支出、子女教育费用等，这些目标直接关系家庭的日常生活质量和安全感。建立足够的应急储备可以应对突发事件，避免因意外情况导致家庭陷入财务困境。例如，家中主要收入来源突然中断，充分的应急储备能帮助家庭渡过难关。因此，短期目标的实现是家庭财务管理的基础，确保家庭有足够的流动性和抗风险能力。

中期目标的设定与实现同样重要。中期目标一般包括购房、购车、子女教育基金等，这些目标通常需要几年时间来实现。对于中期目标，家庭需要合理安排资金流，并采取适当的投资策略，以确保在预定时间内达到目标。例如，通过定期储蓄和稳健投资，可以积累购房首付款，或者通过教育储蓄计划，为子女未来的教育费用做好准备。合理的中期目标设定能够帮助家庭在生活质量与长远规划之间找到平衡。

长期目标则需要有前瞻性的规划和持续的投入。长期目标如退休养老、财富传承等，涉及家庭成员的长期福利和财务安全。这些目标的实现往往依赖于长期的投资和复利效应。家庭在设定长期目标时，需要考虑通胀、市场波动等因素，选择合适的投资工具和策略，确保财富的保值和增值。例如，通过投资于股票、债券等多样化资产组合，可以在保持风险适中的同时，实现财富的长期增值。

（三）家庭财务规划的实施

家庭财务规划的实施是财富管理过程中至关重要的环节。其目的是将设定的财务目标转化为具体的行动计划，并通过持续的管理与调整实现这些目标。

一个有效的家庭财务规划不仅能提高财富的积累效率，还能增强家庭的财务稳定性和抗风险能力。

家庭财务规划的具体步骤包括资产配置、投资策略、风险管理和税务规划等。每一环节都需要根据家庭的实际情况和财务目标进行个性化设计。资产配置是其中的关键环节之一，通过合理分配资产于不同类别的投资产品，如股票、债券、房地产和保险等，可以有效分散风险，提升整体投资组合的稳定性和收益率。定期审视和调整资产配置，确保其与家庭的长期财务目标和市场环境的变化相一致。

投资策略的执行是财务规划实施中的另一个重要方面。家庭需要根据既定的投资目标和风险偏好，选择合适的投资工具和策略。无论是长期持有的价值投资，还是短期交易的策略，都需要结合市场动态和家庭的实际需求进行灵活调整。密切关注市场变化，及时采取应对措施，避免因市场波动带来的不必要损失，是实现投资目标的重要手段。

风险管理在家庭财务规划实施中不可忽视。建立全面的风险管理体系，包括财务风险、健康风险和意外风险等，确保在突发事件发生时能够有效应对。具体措施包括购买适当的保险产品、设置紧急备用金、制定风险预案等。系统性的风险管理能大幅降低财务规划过程中可能面临的不确定性，为家庭提供更稳定的财务保障。

税务规划在家庭财务规划的实施中同样占据重要地位。合理的税务规划不仅能合法减轻税负，还能优化家庭的现金流和财富积累。家庭应结合自身的收入结构和财务目标，采取合法的税务筹划措施，如合理利用税收优惠政策、选择适当的投资工具和结构等。通过科学的税务规划，家庭可以在合法合规的前提下，最大化其财务效益。

三、家庭支出与预算管理

（一）家庭支出的分类与控制

家庭财富管理的核心之一在于有效地分类与控制家庭支出。家庭支出可以分为固定支出和可变支出两大类。固定支出指的是那些每个月或每年都必须支付的费用，如房贷、车贷、保险费和学费等。这些费用相对稳定，能够较为准确地预测，从而方便预算的制定。可变支出则包括生活中的日常开销，如食品、娱乐、服装和旅行等。这类支出具有较大的弹性和波动性，需要更为灵活地管理和控制。这种分类不仅有助于清晰地了解支出结构，也帮助家庭更好地进行财务规划。

建立一个详细的预算是控制家庭支出的关键步骤。预算是对未来一定时期内的收入和支出进行的计划和安排。家庭可以根据历史支出数据和未来预期，制定月度或年度预算。预算制定时应遵循合理性和可行性原则，既要涵盖所有必要开支，又要避免过度节俭导致生活质量下降。通过合理的预算，家庭能够有效减少不必要的支出，增加储蓄和投资的可能性，从而提升家庭的整体财务健康水平。

借助现代科技手段，可以大大提高家庭支出控制的效率和准确性。现今，许多金融科技公司提供了各种家庭财务管理软件，这些软件可以帮助家庭自动分类和记录支出，生成财务报告，甚至提供支出控制建议。通过这些工具，家庭可以随时掌握财务状况，并作出及时的调整，以确保支出控制在预算范围内。这些科技手段不仅节省了时间和精力，还提高了财务管理的透明度和准确性。

家庭成员之间的沟通和协作是实现支出控制的关键。家庭财富管理不仅是家庭理财负责人的责任，更是每个家庭成员的共同任务。通过定期的家庭财务会议，家庭成员可以分享各自的财务目标和支出情况，调整支出策略，并共同制订节约方案。通过这种方式，不仅能增强家庭成员的财务意识，还能提高家庭整体的财务健康水平。这种共同参与的方式有助于建立更为紧密的家庭关系，同时确保每个成员都在为家庭的财务目标努力。

（二）家庭预算编制与执行

家庭预算编制与执行是家庭财富管理中的核心环节，直接关系到家庭财务的健康与稳健运作。编制家庭预算首先需要对家庭的收入和支出进行详尽的记录与分析，以确保预算的科学性和可行性。这一过程通常包括对固定收入、可变收入、固定支出和可变支出的分类和汇总。通过对各项收入和支出的详细记录，可以帮助家庭成员了解财务状况，制定合理的预算目标。家庭预算不仅是对未来财务规划的蓝图，更是对家庭财务现状的全面剖析。

在编制家庭预算时，应当遵循几个关键原则：实际性原则要求预算应基于真实的收入和支出情况，避免过于理想化的预期；灵活性原则强调预算应具有一定的弹性，以应对突发事件或不可预见的开支；可持续性原则则要求预算的制定应考虑长期的财务稳定和可持续发展，而不是仅仅关注短期的财务平衡。

只有在这些原则的指导下，家庭预算才能既科学又具有操作性，为家庭财务的长期健康打下坚实的基础。

预算执行过程是家庭预算管理的关键环节。预算一旦制定，就需要严格按照预算执行计划进行。家庭成员应当共同参与预算的执行和监督，形成良好的财务纪律。定期的预算审查与调整也是保证预算执行的重要手段。通过定期对比实际支出与预算计划，可以及时发现预算执行中的偏差，并作出相应的调整。这样的过程不仅可以增强预算管理的有效性，还可以不断优化预算编制和执行的过程，提高家庭财务管理的水平。

家庭预算编制与执行不仅是财务管理的技术手段，更是家庭成员之间沟通和协作的重要工具。通过共同参与预算编制和执行过程，可以增强家庭成员的财务意识和责任感，实现家庭财务目标的一致性和协同效应。预算管理的成功与否，直接影响到家庭的财务健康和生活质量，因此需要家庭成员共同努力、持续投入。家庭预算不仅是管理工具，更是促进家庭成员共同成长和合作的纽带。

（三）家庭紧急预备金的设立

家庭紧急预备金是财富管理中不可或缺的一部分，尤其在面对不可预测的经济波动和突发事件时更显重要。家庭紧急预备金的设立可以有效缓解突发事件带来的经济压力，确保家庭财务的稳定性与安全性。通常建议家庭预备金的金额覆盖三～六个月的生活支出，以应对失业、重大疾病、意外事故等突发情况。

明确预备金的用途和目标金额是设立家庭紧急预备金的第一步。家庭应根据自身的生活方式、收入水平和支出结构，估算出每个月必要的生活费用，包括房租或按揭、食品、交通、保险和基本生活开支等。通过估算，可以确定预备金需要覆盖的具体金额，以保证在紧急情况下家庭能够维持基本生活。这部分资金的准确估算至关重要，因为它直接关系到家庭对突发事件的应对能力。

选择合适的储蓄工具和账户类型也是设立家庭紧急预备金的关键。家庭紧急预备金应存放在流动性高、风险低的金融工具中，如银行储蓄账户或货币市场基金。这些工具既能保证资金的安全性，又能在需要时迅速提取使用。要避免将紧急预备金投入高风险的投资项目，如股票或高收益债券，以防市场波动导致资金贬值或无法及时变现。选择合适的储蓄工具可以在提供安全保障的同时，确保资金在紧急情况下能够快速取用。

定期审视和调整家庭紧急预备金的规模和存放方式同样重要。随着家庭收入和支出结构的变化，预备金的设立金额也应相应调整。例如，家庭成员增加、生活成本上升或收入变化等因素，都可能影响到预备金的需求量。同时，定期检查储蓄账户的收益情况和流动性，以确保家庭紧急预备金始终处于最佳状态，能够随时应对各种紧急情况。通过定期审视和调整，可以最大限度地提高预备金的有效性和灵活性。

第三节　企业财富管理

一、企业财务健康评估方法

（一）企业财务健康的指标

企业财务健康的评估是财富管理的重要环节，涵盖多种关键指标。这些指标帮助评估企业的短期和长期财务状况，进而影响企业在融资和运营中的决策。

流动比率和速动比率是衡量企业短期偿债能力的重要指标。流动比率反映了企业流动资产与流动负债之间的关系，通常用来评估企业能否在短期内偿还其债务。速动比率则剔除了流动资产中的存货部分，存货在短期内变现的可能性较低，因此速动比率提供了更为保守的偿债能力评估。这些指标直接影响企业在融资过程中的信用评级和融资成木。

盈利能力指标是企业财务健康评估的重要组成部分，常用的包括销售净利率、资产回报率（ROA）和股东权益回报率（ROE）。销售净利率衡量企业在销售过程中获得的净利润比例，体现了企业的盈利能力和成本控制水平。资产回报率衡量企业资产的盈利能力，反映了企业整体的经营效率。股东权益回报率则衡量股东权益的盈利能力，展示了企业对投资者的回报能力。

杠杆比率是评估企业财务健康的重要指标之一。常见的杠杆比率包括资产负债率、权益乘数和利息保障倍数。资产负债率反映了企业资产中由负债融资的比例，是衡量企业负债水平的重要指标。权益乘数衡量了企业总资产与股东权益之间的关系，反映企业的资本结构。利息保障倍数则表示企业经营利润对利息费用的覆盖程度，展示了企业的财务稳定性和负债风险。

现金流量指标也是评估企业财务健康的关键因素，主要包括经营活动现金流量、投资活动现金流量和融资活动现金流量。经营活动现金流量反映了企业主营业务带来的现金流入和流出，是企业日常运营能力的直接体现。投资活动现金流量反映了企业在固定资产和无形资产等方面的投资情况，可以揭示企业的扩张和发展策略。融资活动现金流量展示了企业通过借款、发行股票等方式获得的资金，反映了企业的融资能力和资本结构。

（二）财务报表分析

财务报表分析是企业财富管理中的核心工具，通过系统地审视企业的财务报表，可以全面了解企业的财务状况、经营成果及现金流量。财务报表主要包括资产负债表、利润表和现金流量表，这些报表分别反映了企业在某一特定时点的财务状况、一定期间内的经营成果和现金流量情况。准确解读和分析这些报表是企业进行有效财富管理和财务决策的重要基础。

资产负债表分析着重于企业在某一特定时间点的财务状况。通过资产负债表，可以了解企业的资产配置、负债水平及所有者权益。分析资产负债表时，通常会关注企业的流动性、偿债能力和资本结构。流动性分析主要是考查企业的短期偿债能力，常用的指标有流动比率和速动比率。偿债能力分析则着重于企业的长期偿债能力，常用的指标有资产负债率和利息保障倍数。资本结构分析则关注企业的负债与权益的比例，从而评估企业的财务风险。

利润表分析侧重于企业在一定期间内的经营成果。通过利润表分析，可以了解企业的营业收入、成本费用和盈利能力。利润表分析的关键在于评估企业的盈利水平及其可持续性。常用的分析指标包括毛利率、营业利润率和净利润率等。分析这些指标可以帮助企业管理者了解企业的盈利能力和经营效率，从而为企业制定合理的经营策略和成本控制措施提供依据。

现金流量表分析关注企业在一定期间内的现金流入和流出情况，是评估企业财务健康状况的重要工具。现金流量表分为经营活动、投资活动和筹资活动三部分，通过分析各部分的现金流量，可以了解企业的现金来源和用途。经营活动现金流量是企业日常经营活动产生的现金流，是企业持续经营能力的重要标志。投资活动现金流量主要反映企业在长期资产和投资方面的现金支出和收入，筹资活动现金流量则反映企业在筹集资金方面的现金流动情况。分析现金流量表可以帮助企业评估其现金流管理能力及财务稳定性。

（三）企业现金流管理

企业现金流管理是企业财务健康评估中的一个核心环节，直接关系企业的生存与发展。企业的现金流是指在一定时期内，现金及现金等价物的流入和流出情况。有效的现金流管理可以帮助企业维持流动性，确保正常运营，同时也能提高企业的投资和融资能力。企业现金流管理包含现金流预测、现金流监控和现金流优化等多个方面。

现金流预测是现金流管理的基础工作。通过现金流预测，企业可以提前了解未来一段时间内的现金流入和流出情况，从而制定相应的资金安排和应对措施。现金流预测需要综合考虑企业的历史财务数据、市场环境、业务计划等多方面因素，确保预测的准确性和可靠性。科学的现金流预测有助于企业提前识别潜在的资金短缺风险，并及时采取措施加以应对。

现金流监控是对企业实际现金流状况的实时跟踪与分析。企业应建立健全现金流监控系统，定期对现金流入和流出进行记录和分析，确保资金使用的透明性和合规性。通过现金流监控，企业可以及时发现异常情况，如资金流出过快或流入不足等问题，并迅速采取纠正措施。现金流监控还可以帮助企业优化资金使用效率，避免资金闲置或浪费。

现金流优化是现金流管理的最终目标。通过优化现金流，企业可以提高资金利用率，降低资金成本，实现财务健康。企业可以通过多种途径优化现金流，如加快应收账款回收、延长应付账款支付周期、合理安排投资和融资等。此外，企业还可以通过加强内控管理，减少不必要的支出，提升资金使用效益。现金流优化不仅能改善企业的财务状况，还能增强企业的市场竞争力和抗风险能力。

二、企业投资决策流程

（一）投资决策的基本原则

在企业进行投资决策时，遵循一系列基本原则是确保投资有效性和安全性的关键。下面将详细阐述这些基本原则，并强调它们在投资决策中的重要性。

企业在进行投资决策时，必须依赖科学的分析方法和工具，对投资项目进行全面、系统的评估。这一过程包括对市场前景、财务状况和技术可行性等方面的深入研究。通过科学的分析，可以减少决策的盲目性和随意性，提升投资的成功率。具体来说，企业应采用定量和定性分析方法，如财务模型、市场调查和技术评估等，以获得全面的信息，支持决策的合理性和科学性。

充分识别和评估投资项目可能面临的各种风险是企业投资决策中的一个核心环节。企业需要制定相应的风险控制策略，以权衡风险与收益之间的关系。合理的风险分散和对冲策略是降低整体投资组合风险水平的有效手段，从而实现企业财富的稳健增长。例如，企业可以通过多元化投资来分散风险，或者利用金融工具如期权和期货来对冲特定风险。这样，企业可以在面对不确定性时更为从容，确保投资的安全性和收益性。

投资决策不仅要关注短期的经济效益，更要重视项目对企业长期战略目标的支持和贡献。企业通过对项目生命周期的全面分析，确保投资项目能够在未来持续为企业创造价值。长期性原则强调投资项目的可持续发展，要求企业在决策时考虑其对长期战略的影响。例如，一个具备长期增长潜力的项目，即使在短期内收益较低，也可能是更优的选择，因为它能为企业的持续发展提供更大的支持。

（二）投资项目评估方法

投资项目评估是企业投资决策中至关重要的一环，直接关系企业资源的有效配置和长期发展。科学合理的评估方法不仅能够帮助企业判断项目的可行性和潜在收益，还能规避不必要的风险，确保投资决策的稳健性和成功率。

净现值法（Net Present Value，NPV）是评估投资项目最常用的方法之一。该方法通过计算项目未来现金流的现值，减去初始投资成本，从而得出净现值。如果净现值为正，意味着项目预计收益超过成本，具有投资价值；如果为负，则项目不具备投资价值。净现值法的优势在于其考虑了现金流的时间价值，能够较为准确地反映项目的经济效益。

内部收益率法（Internal Rate of Return，IRR）通过计算使项目净现值等于零的折现率，从而得出项目的内部收益率。若内部收益率大于企业的资本成本率，项目即被认为有投资价值。尽管内部收益率法简单直观，但在项目现金流不规则或多个内部收益率的情况下，其应用可能会受限。

回收期法（Payback Period）通过计算项目初始投资的回收时间来判断项目的可行性。较短的回收期意味着项目能够较快回收成本，降低投资风险。然而，回收期法并未考虑现金流的时间价值和项目的整体收益，适用于风险较高、流动性需求较强的短期项目。

敏感性分析（Sensitivity Analysis）也是评估投资项目的重要工具。通过调整不同变量（如销售收入、成本、折现率等），观察这些变量变化对项目经济效益的影响，从而评估项目的风险水平和抗风险能力。敏感性分析帮助企业全面了解项目面对不同市场环境时的表现，辅助决策者制定更加稳健的投资策略。

（三）投资决策的实施与监控

企业在进行财富管理时，投资决策的实施和监控是至关重要的环节。投资决策实施需要严格遵循既定的计划和策略，确保资源的合理配置和项目的顺利推进。这个阶段包括项目启动、资源调配和进度控制等多个方面。企业应建立一套完善的管理体系，确保每个投资项目的实施符合预期目标，以实现最大的投资收益。

在实施过程中，监控同样不可忽视。有效的监控机制能够及时发现和纠正各种偏差，确保投资项目按计划进行。企业需要建立定期审查、实时监控和风险评估等多层次、多维度的监控体系。这样可以及时掌握项目进展情况，发现潜在问题并采取相应的调整措施，从而降低投资风险。

现代信息技术和数据分析工具在投资决策的实施与监控中也发挥着重要作用。大数据和人工智能技术的应用，使企业能够实现对投资项目的智能监控和动态调整。这些技术提供的实时数据分析和预测，帮助企业在复杂多变的市场环境中作出更加科学和精准的决策。这不仅提高了决策效率，也增强了企业的市场竞争力。

为了确保投资决策的顺利实施和有效监控，相关人员的专业素养和管理能力同样不可或缺。企业应定期开展培训，提升管理人员的专业知识和实践技能，使其能够从容应对投资过程中出现的各种挑战。通过不断提升人员素质和管理水平，企业可以更好地保障投资决策的实施效果，实现持续稳健的发展。

三、企业资产配置策略

（一）企业资产配置的目标

企业资产配置的目标是确保企业在其运营过程中最大化利用资源，实现财务目标，并在不同经济周期中保持稳定的财务状况。通过合理的资产配置，企业可以在风险和收益之间取得平衡，从而保证长期的可持续发展。

优化资本使用效率是企业资产配置的核心目标之一。企业通过有效的资产配置，可以在不增加风险的情况下最大限度地提高其资本回报率。合理的资产配置策略能够帮助企业在不同市场环境中找到最佳的投资组合，从而实现资本的最优分配。这样不仅可以增加企业的利润，还可以提高企业的市场竞争力。

分散风险也是企业资产配置的重要目标。通过将资产分配到不同的投资工具和市场，企业可以降低单一投资失败的风险。分散投资能够减少市场波动对企业财务状况的不利影响，同时提高资产的安全性和稳定性。在全球经济不确定性增加的背景下，分散投资显得尤为重要。

流动性管理是企业资产配置中不可忽视的要素。保持适当的流动性是企业应对意外财务需求和市场变化的重要手段。通过合理的资产配置，企业可以确保在需要时有足够的流动资金，以应对紧急情况或抓住市场机遇。流动性管理不仅关乎企业的日常运营，还关乎企业的长期战略规划。

（二）企业投资组合的构建

企业投资组合的构建是企业财富管理中至关重要的环节，其核心在于通过多元化投资来分散风险并实现收益最大化。企业在构建投资组合时，需要明确自身的财务目标和风险承受能力。这一过程通常涉及对企业财务状况的全面分析，包括现金流、负债情况和盈利能力等，以确保投资决策的科学性和有效性。企业必须充分了解其财务状况，以便在投资时能够作出明智的选择，避免因盲目投资而导致财务困境。

在确定投资目标后，企业需要选择适当的投资标的。投资标的的选择应遵循多样化原则，既包括低风险的固定收益类资产，如国债和企业债券，也包括高风险高收益的权益类资产，如股票和私募股权投资。多样化投资能够有效降低单一投资风险，提高整体投资组合的稳定性和收益率。企业还可以考虑将一部分资金投入于房地产和大宗商品等另类投资，以进一步提升投资组合的抗风险能力和收益潜力。通过多样化的投资组合，企业能够在不同的市场环境中保持稳健的收益。

投资组合的动态调整是企业投资组合管理的关键。在宏观经济环境和市场条件发生变化时，企业需要根据最新的经济数据和市场趋势，适时调整投资组合的配置比例。企业不仅需要对原有投资标的进行增减持，还可能涉及对新的投资机会的发掘和利用。通过持续监控和调整，企业能够在复杂多变的市场环境中保持竞争力和稳定的投资收益。动态调整投资组合是保持投资活力和适应市场变化的有效手段。

风险管理是企业投资组合构建中不可忽视的重要环节。企业应建立健全的风险管理体系，通过量化风险评估工具，如 VaR（在险价值）和蒙特卡罗模拟等，来评估和控制投资组合的风险敞口。企业还应制定详细的风险应对策略，包括止损机制和应急预案，以应对突发的市场波动和系统性风险。有效的风险管理可以帮助企业减少潜在损失，确保投资组合的安全性和稳定性。

（三）企业资产配置的动态调整

企业资产配置的动态调整是财富管理中至关重要的策略，旨在根据市场环境、企业自身发展阶段及其财务目标的变化，灵活调整企业的资产配置，以实现最大化的收益和最小化的风险。这一过程需要企业管理层持续关注宏观经济环境、市场趋势以及企业内部财务状况的变化，并及时进行相应的调整。

建立科学的资产配置模型是动态调整的基础。该模型不仅包括不同类别资产的比例分配，还应考虑到每类资产的预期收益和风险。通过定期评估和调整资产配置模型，企业能够更好地应对市场波动和经济周期的变化。例如，在经济扩张期，企业可以适度增加权益类资产的配置比例，以获取更高的资本增值；而在经济衰退期，则应适当增加固定收益类资产的配置比例，以确保资产的稳定性和安全性。

在进行动态调整时，企业还应充分考虑自身的财务目标和风险承受能力。不同企业在不同发展阶段，其财务目标和风险承受能力有所差异。在企业初创期，可能更注重资本的快速增值，愿意承担较高的风险；而在企业发展成熟期，稳定收益和资本保值可能成为主要目标，因此会倾向于选择低风险的资产配置策略。因此，动态调整不仅是对外部环境变化的响应，更是对企业自身战略目标和经营状况的精确反映。

参考文献

[1] 梁建桥. 财富管理理论与实践 [M]. 北京：北京首都经济贸易大学出版社，2021.

[2] 吴军梅. 转型时代财富管理应用型人才培养理论与实践 [M]. 厦门：厦门大学出版社，2021.

[3] 李亮，高慧. 私人财富传承与管理 [M]. 上海：上海财经大学出版社，2020.

[4] 夏文庆. 财富管理全球经验 [M]. 北京：机械工业出版社，2021.

[5] 李岩，王宇，严洪慧. 企业家财富管理痛点解决方案：后疫情时代企业家财富免疫力诊断与提升 [M]. 北京：中国财富出版社，2023.

[6] 魏小军. 私人财富管理理论与实务 [M]. 北京：企业管理出版社，2020.

[7] 李劲松，刘勇. 智能投顾：开启财富管理新时代 [M]. 北京：机械工业出版社，2018.

[8] 芮萌. 财富管理：从改变认知开始 [M]. 上海：东方出版中心. 2019.

[9] 吴治国，吴珠智. 家族财富管理 [M]. 北京：机械工业出版社，2020.

[10] 石韵. 家族财富管理 [M]. 北京：中国商业出版社，2020.

[11] 陈云，刘娓娜. 私人财富管理实务 [M]. 北京：企业管理出版社，2019.

[12] 吴飞. 家族财富管理：守护、管理和传承财富的关键 [M]. 北京：机械工业出版社，2023.

[13] 应松. 家族资产管理：财富传承的成功哲学 [M]. 杭州：浙江大学出版社，2021.